mh 19

MONOGRAPHIA HASSIAE

Schriftenreihe der Evangelischen Kirche
von Kurhessen-Waldeck

Herausgegeben von
Horst Dickel und Hubert Kemler

Band 19

Abbildung Titelseite:
Elisabeth mit dem Kirchenmodell,
Wandmalerei in der Kirche Dörnberg (1509)
Abbildung Rückseite:
Gebiet der Evangelischen Kirche von Kurhessen-Waldeck
Bildnachweis: H. Breiter, H. Ebrecht, M. Hederich, Foto Marburg u.a.

Druck: Repro und Druck Boxan Kassel
ISBN 3-89477-979-9

Michael Hederich

Christuszeugen im Hessenland

Bilder aus der Geschichte der Evangelischen Kirche von Kurhessen-Waldeck

Geleitwort

Damit sie am Bekenntnis der Hoffnung festhalten, zu der sie berufen sind, und durchhalten in dem Kampf, der ihnen bestimmt ist, verweist der Verfasser des Hebräerbriefes die von ihm angesprochenen Christen nicht nur auf Jesus als den „Anfänger und Vollender des Glaubens", sondern auch auf die „Wolke von Zeugen", die sie umgibt (12, 1-3). Er nennt eine Reihe von Namen und zeichnet mit wenigen Strichen Bilder aus der Geschichte Israels, die anschaulich machen, was Glauben heißt: „eine feste Zuversicht, auf das, was man hofft, und ein Nichtzweifeln an dem, was man nicht sieht" (11,1).
In diesem Sinn hat Michael Hederich die in diesem Buch dargestellten Bilder aus der Geschichte der Evangelischen Kirche von Kurhessen-Waldeck an „Christuszeugen im Hessenland" orientiert: Bonifatius und Elisabeth, Landgraf Philipp und Martin Bucer, den Hugenotten, den Pietisten, August Friedrich Christian Vilmar und Hans von Soden bis hin zu älteren Zeitgenossen. Diese Entscheidung ist dankbar zu begrüßen; denn am Beispiel einzelner Lebensgeschichten wird die Geschichte der Kirche im ganzen anschaulich erzählbar – im Gottesdienst, im Unterricht und in der Bildungsarbeit, aber auch für die allein Lesenden. So oder so kann sie zu einer vielfältigen Anregung und Ermutigung zum christlichen Zeugnis heute und morgen werden.
Ich wünsche diesem Buch eine gute Aufnahme in den Gemeinden, in den Schulen, in den Gruppen und bei den einzelnen, die sich für die Geschichte unserer Kirche interessieren und aus ihr lernen möchten für ihr Leben als Christen.

Dr. Christian Zippert
Bischof der Evangelischen Kirche von Kurhessen-Waldeck

INHALTSVERZEICHNIS

Einführung

Vor mehr als hundert Jahren ist die letzte, umfassende „Kirchengeschichte beider Hessen" von Heinrich Heppe erschienen. Seitdem sind zahlreiche Einzeldarstellungen zu Personen, Orten und Themen der hessischen Kirchengeschichte veröffentlich worden. Eine neuere Gesamtdarstellung fehlt immer noch, was um so erstaunlicher ist, als Persönlichkeiten wie Bonifatius, Kunigunde oder Elisabeth im Mittelalter eine weit über Hessen hinausgehende Bedeutung gehabt haben. In der Reformationszeit war der hessische Landgraf Philipp eine Schlüsselfigur des evangelischen Lagers in Deutschland. Wichtige kirchliche Entscheidungen sind in Homberg/Efze, Marburg, Ziegenhain und Kassel gefallen.

Erst die Aufteilung Hessens unter Philipps Söhnen führte schließlich zu einer Trennung des späteren Kurfürstentums Hessen vom Großherzogtum Hessen und in der Folge auch zu zwei selbständigen evangelischen Landeskirchen (Kurhessen-Waldeck und Hessen-Nassau). Seit meinem ersten Versuch eines kurzen Abrisses über die Geschichte der Kirche von Kurhessen-Waldeck („Um die Freiheit der Kirche", Kassel 1972) sind einzelne Untersuchungen erschienen, aber keine ausführliche Gesamtdarstellung. Ich möchte das Werden und Wachsen der Kirche am Wirken bedeutender Personen und einflußreicher Personengruppen festmachen, wobei ich bewußt auf ausführliche Lebensläufe verzichte; hierüber gibt es eine Fülle guter Monographien. Mir geht es darum, an dem Lebenszeugnis christlicher Persönlichkeiten die Entwicklung aufzuzeigen, die zur heutigen Evangelischen Kirche von Kurhessen-Waldeck geführt hat.

Das Bildmaterial, ein Orts- und Personenverzeichnis sowie einige Literaturangaben sollen dabei hilfreich sein und neue Anstöße zu einer weiteren Beschäftigung mit den angeschnittenen Fragen geben.

Bonifatius-Denkmal, vor dem Schloß der Fürstäbte von Fulda
1842 von Werner Henschel gegossen

I. Mission und Kirchenorganisation – Bonifatius

Die ersten Christuszeugen kamen schon im 7. Jahrhundert in das Land der Chatten (später Hessi genannt) zwischen Eder, Fulda und Lahn. Dieser alte germanische Stamm war auch in der Zeit der Völkerwanderung in seinem Gebiet geblieben. Die Botschaft des Evangeliums erreichte ihn von verschiedenen Seiten. Einmal waren es christliche Soldaten und Beamte, die im Zuge der fränkischen Besiedlung auf die ersten Stützpunkte im Hessenland geschickt wurden. Zum anderen ließen sich skotische Mönche aus Irland hier und da an einsamen Plätzen (wie etwa auf dem Büraberg und im Raum Hersfeld) nieder. Sie waren aus persönlichem Antrieb hierhergekommen, um der eigenen Frömmigkeit zu leben. Ohne daß sie es wollten, wurden sie unter den germanischen Stämmen zu Missionaren, wenn sie auch keine eigene kirchliche Organisation anstrebten.

Die Amöneburg bei Kirchhain, Stich von Merian (1655)

Auf den Britischen Inseln hatte sich aber neben dieser keltischen Mönchskirche eine von Rom aus organisierte Kirche unter den angelsächsischen Stämmen entfaltet. Ihre tiefe Verehrung für den Stuhl Petri, ihre Gelehrsamkeit und ihr missionarischer Eifer trieben sie zu einer planmäßigen und zielstrebigen Missionsarbeit unter den meist noch ungetauften Stämmen der Friesen, Thüringer, Hessen und Bayern. Besonders die Benediktiner strebten eine gut durchgegliederte kirchliche Ordnung an, mit Bischöfen als geistlichen Führern, die nicht nur mit Rom in engster Verbindung standen, sondern auch mit den weltlichen Gewalten zusammenarbeiteten, die sich gern dieser gut organisierten geistlichen Kräfte bei der Ausdehnung des fränkischen Machtbereiches bedienten.

So begann die eigentliche Christianisierung in Hessen in enger Verbindung mit der politischen und militärischen Staatsmacht der Franken und unter ihrem ausdrücklichen Schutz. In Nordhessen dienten dazu die fränkischen Kastelle auf der Amöneburg (bei Kirchhain) und auf dem Büraberg (bei Fritzlar), dazu in der nördlichen Region auch die Eresburg im Diemeltal (heute Obermarsberg).

Der angelsächsische Mönch Wynfrith wurde um 675 im englischen Königreich Wessex geboren und vom siebten Lebensjahr an im Kloster Exeter erzogen. Später entschloß er sich zu einem Wechsel in das Kloster Nursling, das sich durch einen hohen Bildungsstand auszeichnete. Hier wurde er zum Priester geweiht, als Lehrer und Prediger eingesetzt und mit kirchenpolitischen Verhandlungen beauftragt. Als er nach einer regen Missionsarbeit unter den stammesverwandten Friesen 721 zum erstenmal auf die Amöneburg kam, fand er bereits Christen unter der fränkischen Besatzung vor. Er ließ dort einige Gefährten in einem kleinen Kloster zurück, um die Arbeit in der Umgebung fortzusetzen. Er selber unternahm einen ersten missionarischen Vorstoß in den Edergau, wo er an der Grenze zu dem Gebiet der heidnischen Sachsen Pfingsten 722 eine erste Massentaufe halten konnte. Die Fällung der von den Germanen hoch verehrten Donareiche in der Gemarkung Geismar (bei Fritzlar), aus deren Holz er am Ort eine Kapelle errichten ließ, demonstrierte symbolisch den Sieg des Christentums über die alte Religion. Folgerichtig gründete er in der Nähe das Kloster St. Peter zu Fritzlar unter dem Abt Wigbert.

Taufbrunnen aus der Bonifatiuszeit vor den Resten der ehemaligen Bischofskirche auf dem Büraberg

Die fränkische Festung Büraberg war Ausgangspunkt der Missionsarbeit im Edergau. Dort fand Wynfrith schon eine Kapelle der iroschottischen Mönche vor. Der Papst ernannte ihn zum Missionsbischof und gab ihm den Ehrennamen Bo-

nifatius, den schon fünf Vorgänger Gregors II. getragen hatten. Mit einem Schutzbrief des Frankenherzogs Karl Martell versehen, begann Bonifatius mit dem Aufbau einer kirchlichen Organisation in den von ihm missionierten Gebieten.
Als ersten (und einzigen) Bischof für Nordhessen setzte er 741 seinen Landsmann Witta mit dem Sitz auf der Büraburg ein, während die Mitarbeiter und Schüler des nun zum Erzbischof Ernannten weitere Klosterstützpunkte in Hersfeld und Fulda begründeten. Bonifatius verlangte von ihnen eine klare Verkündigung des Evangeliums in der Volkssprache und drängte auf eine sorgfältige Unterweisung, da das Christentum im Frankenland noch unklar und leicht zu Kompromissen mit dem Heidentum bereit war.
Bis zum Jahr 744 gelang es Bonifatius, zum Teil gegen erhebliche Widerstände, das weite Missionsgebiet des fränkischen Reiches in Bistümer aufzuteilen und diese Bischofssitze mit Mitarbeitern aus der englischen Heimat zu besetzen. Neben der Neuorganisation der fränkischen Kirche plante er aber auch die Gründung eines benediktinischen Musterklosters. 743 ließ er sich von Karlemann, dem Sohn Karl Martells, einen verlassenen Königshof an der Fulda in Höhe der heutigen gleichnamigen Stadt übertragen und überwachte persönlich vom nahegelegenen Bischofsberg - später Frauenberg genannt - die Arbeiten an den neuen Klostergebäuden und insbesondere der Kirche. Diese dreischiffige, karolingische Basilika mußte 1704 dem Neubau des heutigen Barockdomes weichen. Von den alten Klostergebäuden ist nicht mehr viel übriggeblieben; am bemerkenswertesten ist die 822 geweihte Michaelskirche, als zweigeschossiger runder Zentralbau inmitten des ehemaligen Mönchsfriedhofs errichtet. Die Krypta diente vermutlich als Beinhaus. Doch liegt Bonifatius heute in der Domkrypta. Der 80jährige wurde nach seinem

Michaeliskirche in Fulda, ältestes deutsches Beispiel für die Nachbildung der Grabeskirche in Jerusalem (822)

Märtyrertod in Friesland, wo er noch einmal das Missionswerk unter seinen Stammesverwandten in Schwung bringen wollte, seinem Wunsch gemäß nach Fulda überführt und in seinem Lieblingskloster beigesetzt. Dafür hatte er dem von ihm eingesetzten Abt Lul(lus) genaue Anweisungen gegeben. Noch heute zeigt man im Dommuseum einen alten Codex, den sich Bonifatius über den Kopf hielt, um damit die Schwerthiebe seiner Mörder aufzufangen (754 bei Dokkum). Lullus begründete zusammen mit dem Fuldaer Abt Sturmius das Kloster Hersfeld, das später zum Reichskloster erhoben wurde.

Muschelkalkfigur von H.W. Spemann vor der Bonifatiuskirche in Kassel (1962)

Das Bistum Büraburg gliederte sich in die Archidiakonate St. Stephan mit dem Zentrum Amöneburg (für Oberhessen) und St. Peter zu Fritzlar (für den niederhessischen Raum). Dazu kam noch die Propstei Hofgeismar, die mit dem übrigen sächsischen Hessengau von der Eresburg aus missioniert worden war. Dort hatte Karl der Große 772 mit der Irminsul (Weltensäule) ein zentrales sächsisches Heiligtum gestürzt.

Als die Sachsen 774 zu einem erfolgreichen Gegenangriff auf Fritzlar antraten, verlegte Bischof Witta seinen Sitz von der gefährdeten Büraburg nach Mainz. Erzbischof Lullus von Mainz, den Bonifatius zu seinem Nachfolger bestellt hatte, hob ein Jahr später den Bischofssitz und das Bistum Büraburg endgültig auf und unterstellte es wieder Mainz.

Damit vollzog er die folgenschwerste Entscheidung für die nordhessische Kirchengeschichte bis in die Gegenwart hinein; denn das Erlöschen eines eigenen nordhessischen Bistums zog dieses Gebiet für viele Jahrhunderte in die schweren territorialen, politischen und militärischen Auseinandersetzungen zwischen den Mainzer Erzbischöfen (die ja auch weltliche Landesherren waren) und den sich allmählich entwickelnden Grafschaften hinein, die den Einfluß von Mainz zurückdrängen mußten, um ihren Herrschaftsbereich abrunden zu können. Auf beiden Seiten bediente man sich der örtlichen Adelsgeschlechter und ihrer Burgen, der Städte- und der Klostergründungen sowie der Einflußnahme auf die Gerichtsbarkeit. (Durch die sogenannten Send-Gerichte zog die Kirche viele Verfahren an sich, die Verstöße gegen das kirchliche Sittenrecht mit Kirchenbußstrafen belegten.) So ergab sich für jeden hessischen Christen - Adliger oder Bauer, Soldat oder Handwerker, Beamter oder Geistlicher - ein Loyalitätskonflikt zwischen der Treue zum Landesherrn und dem zuständigen geistlichen Oberherrn in der Person des mächtigen Erzbischofs von Mainz, der nicht nur die größte Kirchenprovinz nördlich der Alpen regierte, sondern später auch als Kanzler des Deutschen Reiches starken politischen Einfluß besaß. Welche Bedeutung die jetzt schnell nacheinander gegründeten Klöster in diesen Streitigkeiten hatten, soll nunmehr aufgezeigt werden.

Blick vom Büraberg auf das von mittelalterlichen Mauern und Türmen umgebene Fritzlar

Kaiserin Kunigunde (mit dem Modell der Stiftskirche Kaufungen) und ihr Mann, Heinrich II.
Bronzeplatten des 20. Jhdts in der Stiftskirche von (Ober-)Kaufungen

II. Kirchliche und kulturelle Prägung – Mönche und Ritter

Nach der Beisetzung des Bonifatius wurde das Kloster Fulda ein bedeutender Wallfahrtsort und zählte beim Tod des ersten Abtes Sturmius bereits 400 Mönche. Es wurde zum reichsten Kloster seiner Zeit und hatte einen auf 450.000 Morgen geschätzten Grundbesitz zwischen Alpen und Nordsee. Diese Einkünfte gaben eine sichere wirtschaftliche Grundlage für bedeutende kulturelle Leistungen unter berühmten Äbten wie Hrabanus Maurus. Zahlreiche ältere Werke in deutscher Sprache gehen auf die Fuldaer Schule zurück, allen voran das Hildebrandlied, um 815 abgeschrieben und in einem Bruchstück erhalten. Unmittelbar dem Schutz des Papstes unterstellt, erlebte das Kloster später die Erhebung seiner Äbte in den Reichsfürstenstand.

Ruine der Stiftskirche in Hersfeld (um 820)

Im Benediktinerkloster Hersfeld wurde dessen Gründer Lullus beigesetzt. Durch zahlreiche Schenkungen von Karl dem Großen und seinen Nachfolgern wuchs die äußere Macht der Abtei (seit 774 Reichsabtei mit freier Abtswahl), die bald durch den Neubau einer gewaltigen Basilika, des damals größten romanischen Gotteshauses nördlich der Alpen, hervortrat.

In der Folgezeit wetteiferten weltliche und geistliche Herren in der Gründung von Klöstern und in der Inanspruchnahme des Schutzpatronats. Die Klöster waren ja nicht nur Stätten eines regen gemeinsamen Frömmigkeitslebens, sondern auch aktive und hochmotivierte Arbeitsgemeinschaften von zum Teil überaus gebildeten Männern (und Frauen), die mehr wollten, als nur hinter Klostermauern zu beten. Nachgeborene Söhne aus Adel und bäuerlicher Herkunft, die im profanen Bereich keinen entsprechenden gesellschaftlichen

Rang erlangen konnten, brachten ihr Erbteil in die Ordensgemeinschaft ein, um zusammen mit den anderen Brüdern ihr Können, ihr Wissen, ihr Geld und ihren Tatendrang für die Verbesserung der Lebensverhältnisse in ihrer Umgebung einzusetzen. So wurden die Klöster zu bedeutenden Stützpunkten der Wissenschaft und des Schulwesens, der Medizin und der Krankenpflege, der handwerklichen Produktion und des Bauwesens, der Land- und Forstwirtschaft. Durch ihre Werkstätten und Bauhütten, Mühlen, Fischzuchtbetriebe, Brauereien, Apotheken und landwirtschaftlichen Betriebe, die jeweils von qualifizierten Mönchen geleitet wurden, übten sie einen kaum zu überschätzenden Einfluß auf das wissenschaftliche, kulturelle und wirtschaftliche Leben in ihrer Zeit und ihrer Umgebung aus. Sie waren nicht nur Produktionsstätten fast aller lebenswichtigen Güter, sondern auch Seelsorgezentren. Ihnen stand die Besetzung abhängiger Pfarrstellen mit Ordenspriestern zu, und sie konnten für ihre Schutzpatrone geistlicher oder weltlicher Art viel bewirken.

Lullus-Glocke im Katharinenturm, älteste deutsche Glocke in der damals üblichen Bienenkorbform (um 1050)

Die Benediktiner gründeten außer Amöneburg, Fritzlar, Hersfeld und Fulda noch Schlüchtern und Helmarshausen vor dem Jahr 1000. Danach entstanden Kaufungen, Hasungen, Eschwege, Lippoldsberg, Flechtdorf, Breitenau, Oberwerbe, Schaaken, Blankenheim und Kornberg im nordhessischen Raum. Die Zisterzienser gründeten Haina (um 1150), Wilhelmshausen, Netze, Heydau, Frankenberg, Caldern und Nordshausen ebenfalls in dieser Zeit, insgesamt bis 1250 fünfunddreißig Klöster. Dazu gehörten seit etwa 1100 auch die Konvente der Augustinerregel mit ihren Gründungen in Immichenhain, Arolsen, Weißenstein bei Kassel, Spießkappel,

Kryptaähnlicher Raum unter der Nonnenempore im Kloster Lippoldsberg (um 1150)

Hessische Stifte und Klöster im Mittelalter

Germerode, Berich, Merxhausen, Eppenberg, Volkhardinghausen, Eschwege, Freienhagen und Frankenberg.
Diese Gründungen erfolgten auch unter dem Gesichtspunkt einer territorialpolitischen Offensive der Mainzer Erzbischöfe. Sie förderte deren Doppelstellung als weltliche und geistliche Oberherren - sehr zum Verdruß der hessischen Fürstengeschlechter. Bis zum 15. Jahrhundert wurden etwa 80 Klöster und Stifte im Raum von Kurhessen-Waldeck gegründet.

Wappen der Deutschen Ordensmeister von 1572 in Marburg

Tonangebend für den Geist des 13. Jahrhunderts waren die geistlichen Ritterorden, die sich nach Abschluß der Kreuzzüge aus Palästina zurückziehen mußten und von verschiedenen deutschen Fürsten in ihr Land geholt wurden. Graf Berthold von Nidda berief den Johanniterorden nach Hessen, der in Nidda und Gelnhausen Niederlassungen errichtete. Ein Wittgensteiner Graf gründete die Johanniter-Kommende in Wiesenfeld (Kreis Frankenberg), deren Ordenshaus bis zur Reformationszeit bestand.
Zu größerer Bedeutung für Hessen kam der Orden der Deutschen Ritter, dem die Grafen von Ziegenhain eine Ansiedlung in Reichenbach ermöglichten. Als die Landgrafen von Thüringen (die nach Aussterben der hessischen Grafengeschlechter der Werner und Gisonen die Landesteile von Marburg bis Kassel erbten bzw. durch Heirat bekamen) dem Deutschen Orden den Schutz des Hospitals und des Grabes der Elisabeth von Thüringen in Marburg übertrugen, trafen sie eine Entscheidung, die sich bald landespolitisch auswirken sollte. Der Landkommende des Ordens zu Marburg unterstanden weitere Ordenshäuser in Kirchhain, Felsberg, Fritzlar, Obermöllrich, Gelnhausen und zahlreiche weitere Liegenschaften.

Deutschordensgebäude neben der Elisabethkirche in Marburg (13. Jhdt., später umgebaut und erweitert)

Auch die anderen Klöster hatten das Land mit einer Fülle von Rentnereien, Termineien und Höfen überzogen, die als Außenstellen die Klostergüter verwalteten und die Einkünfte einzogen. Sicher dienten sie auch als Verkaufsstellen für die Dinge, die in den Klöstern selber hergestellt wurden.
Aus der Fülle der meist unbekannten Mönche, Nonnen und Ritter ragt eine bedeutende Frau heraus, deren Erinnerung noch heute durch einen Ökumenischen Konvent in Kaufungen gepflegt wird. Kaiser Heinrich II. schenkte seiner Gemahlin Kunigunde den Königshof Kassel und baute eine neue Pfalz in Kaufungen, die er 1011 zum erstenmal besuchte. Aufgrund eines Gelübdes während einer schweren Krankheit stiftete die Kaiserin dort ein Benediktinerinnenkloster, in das sie, vielfach angefochten und angegriffen, nach dem Tode ihres Mannes eintrat. Unter völligem Verzicht auf ihren weltlichen Rang lebte Kunigunde bis zu ihrem Tode arm und gehorsam nach den Ordensregeln. Nachdem sich an ihrem Grab im Bamberger Dom mehrere Wunder ereignet hatten, wurde sie heiliggesprochen. Einen ganz anderen Weg ging jene Fürstin, deren Wirken im Hessenland unvergessen ist und nachhaltig die Kirchengeschichte beeinflußt hat: Elisabeth, Landgräfin von Thüringen.

Nonnenempore, Andachtsraum der Kunigunde in der Stiftskirche zu Kaufungen (um 1050)

Links: Kunigunde baut das Kloster Kaufungen

Rechts: Kunigunde tritt in das Kloster Kaufungen ein

Elisabeth mit dem Kirchenmodell, Wandmalerei in der Kirche Dörnberg (1509)

III. Diakonisches Christentum – Elisabeth von Thüringen

Aus der Ehe des ungarischen Königs Andreas II. und der bayrischen Prinzessin Gertrud entstammt Elisabeth, die schon als Vierjährige von einer thüringischen Gesandtschaft auf die Wartburg geholt wurde, wo man eine Ehe mit dem Thronfolger von Landgraf Hermann geplant hatte. Das Kind wuchs an diesem Hof auf, der einerseits durch den Besuch der Minnesänger und anderer Künstler, zugleich aber auch durch üppigen Lebensstil und wüste Gelage geprägt war. Das Mädchen machte aus seinem Abscheu dagegen keinen Hehl und sollte schließlich zurückgeschickt werden, nachdem der ihr zugedachte Mann früh gestorben war. Dessen Bruder Ludwig aber, mit Elisabeth zusammen aufgewachsen, begehrte sie zur Frau und heiratete als Zwanzigjähriger die erst dreizehn Jahre alte Jugendgespielin. Es war eine gute Ehe, aus der drei Kinder hervorgingen. Schon damals fielen die Neigungen der jungen Frau zu starken Bußübungen und ihre Hinwendung zu den Armen auf.

Als Landgraf Ludwig IV. sein Kreuzzugsgelübde ablegte, begleitete seine Frau diese Entscheidung und die Kriegsfahrt ihres Mannes mit Gebet, Werken der Nächstenliebe und selbstgewählter Askese. Unter dem Einfluß des bedeutenden Kreuzzugspredigers Konrad von Marburg, der damals auf der Wartburg weilte und bei der jungen Fürstin Beichtvaterstelle einnahm, zog sich Elisabeth vom höfischen Leben zurück und widmete sich asketischen Frömmigkeitsübungen und dem Dienst an den Armen. Sie hörte damals durch einen Ordensbruder vom Leben des Franziskus von Assisi und wurde von dessen Idealen ergriffen. Sie sagten ihrem mildtätigen Herzen mehr zu als die drakonische, übergestrenge Art des auch sonst nicht unumstrittenen Konrad. Als ihr Mann bald nach seiner Abreise in Italien starb, machte sie ihr Gelübde wahr, daß sie sich nicht wiederverheiraten wollte, obwohl man ihr Ehen mit bedeutenden Fürsten antrug. Sie wollte ihr Leben ganz der Christusminne und -nachfolge widmen. Zunächst stiftete sie ein Franziskus-Hospital zu Füßen der Wartburg und arbeitete dort in der Armen- und Siechenpflege mit, wobei sie durch großzügige Spenden aus ihrem Vermögen den Ärger des Fürstenhauses erregte. Schließlich wurde ihre Lage so schwierig, daß ihr Konrad die Übersiedlung nach Marburg vorschlug, das ihr Landgraf Ludwig zur Hochzeit geschenkt hatte.

Kapelle des Franziskus-Hospitals in Marburg, heute neben der Elisabethkirche (Ruine aus dem 13. Jhdt.)

Konrad und Elisabeth gründeten von dem Witwengeld im Jahr 1228 ein Franziskushospital. Elisabeth bildete mit mehreren Gefährtinnen, Laienbrüdern und geistlichen Mitgliedern eine der damals üblichen Spitalgenossenschaften zur Fürsorge für Arme und Kranke. Obwohl ohne feste Regel, übte man in einem asketischen Gemeinschaftsleben die Nachfolge Christi mit grauem Bettlergewand durch Krankenpflege, Wäschewaschen, Küchendienst und Webarbeiten. Man verzichtete auf einen Klostereintritt, wie es bei den bisherigen Frauenorden üblich war, und wollte im Bettlerdasein das arme Leben Jesu in der Welt leben. Elisabeth bezeichnete sich selber als „soror in seculo" (Schwester in der Welt) und verwandelte die bisher klösterlich ausgerichtete Christusfrömmigkeit des Heiligen Bernhard - in Anlehnung an die Bewegung des Franziskus - in ein weltzugewandtes Glaubensleben. Sie verkörperte in ihrer damals als anstößig empfundenen, buntgeflickten Kleidung sichtbar den Protest gegen die geordnete, ruhige Welt der Romanik, deren schöne Bilder sie ausdrücklich ablehnte.

Das Lebensgefühl der Gotik mit seiner ebenso ekstatischen wie auch weltoffenen Frömmigkeit, das durch unbändige Freude und liebevolle Opferbereitschaft die heimliche Angst der Zeit überwinden wollte, kündigte sich an. Auch der 20jährigen Witwe wurden Ekstasen, Visionen und die seltsame Gabe des Tränenflusses zuteil, die Hand in Hand mit einer ständigen heiteren Gelassenheit nach außen einherging. Im Alter von 24 Jahren starb die Entkräftete 1231 im Gedenken an alles, was sie in dieser Welt hinter sich gelassen hatte, insbesondere an ihre drei Kinder, die auf Geheiß des Konrad auf der Wartburg bleiben mußten. Der Franziskusaltar im Marburger Hospital wurde die erste Kultstätte des Heiligen in Deutschland und nach einer sorgfältigen Planung des Konrad eine bedeutende Wallfahrtstätte. Doch verdrängte bald die Verehrung der heiliggesprochenen Elisabeth den Franziskuskult. Unter dem Schutz des Deutschen Ordens wurde auf dessen Grund und Boden die Grabeskirche als Wallfahrtskirche erbaut. Der Schrein mit den Gebeinen der Elisabeth wurde bald von Kaisern und Königen besucht. Da Landgraf Konrad von Thüringen dem Orden beigetreten war, wurden die Ordensritter nicht nur zu Beschützern des Grabes der Ahnfrau aller hessischen Landgrafen, sondern auch eifrige Verfechter der Ansprüche des thüringischen Fürstenhauses auf das hessische Territorium.

Trotzdem ist der kostbare Schrein, der eigens für die Gebeine der Heiligen angefertigt wurde, leer. Sie waren als Reliquien hoch begehrt und wurden durch Schenkungen oder heimliche Entnahmen weit verstreut (u.a. in Altenburg, Halberstadt, Brabant, Udine). Als Landgraf Philipp den Schrein 1539 öffnen ließ, wurden nur noch Teile des Skeletts gefunden. Er ließ diese heimlich auf dem Friedhof an der Michaelskapelle in Marburg beisetzen, um einen unevangelischen Reliquienkult zu verhindern. Auf Befehl des Kaisers mußten die Gebeine 1548 an den Deutschen Orden zurückgegeben werden, der sie an unbekannter Stelle in der Elisabethkirche erneut beisetzen ließ. 1588 wurden sie

Sandsteinfigur am Elisabeth-Hospital in Kassel (1587), und das Wappen der Gründerin Mechthild von Kleve, Frau von Heinrich I.

nach Wien überführt und schließlich dem Orden der dortigen Elisabethanerinnen geschenkt. Doch sind damals noch weitere Reliquien in Brüssel, Besancon, Köln und Breslau aufgetaucht.

Landgraf Heinrich, der Ahnherr des hessischen Fürstengeschlechtes, Grabmal im Südchor der Elisabeth-Kirche (um 1310)

Nach dem Aussterben der thüringischen Landgrafen entbrannte um ihr Erbe ein heftiger Kampf, in dem sich schließlich die Tochter der Elisabeth, Sophie von Brabant, mit Hilfe des Deutschen Ordens durchsetzen konnte. Sie ging nach Marburg und stellte ihren Sohn Heinrich unter den Schutz des Ordens und der Marburger Bürger. Gegen den politischen und militärischen Widerstand der Mainzer Erzbischöfe und ihrer Verbündeten gelang es der damals 24jährigen Frau, ihren Sohn, „das Kind von Brabant", zum Landgrafen von Hessen ausrufen und anerkennen zu lassen.

Nach seiner Mündigkeitserklärung 1256 begann Heinrich I. zielbewußt den Kampf um seine Erbschaft und gründete Städte und Burgen als Stützpunkte gegen Mainz, u.a. Hessisch-Lichtenau, Immenhausen und Zierenberg. Der ehemalige Königshof in Kassel wurde zur Residenzstadt ausgebaut. Heinrich stiftete neue Stadtkirchen, stattete sie reich aus und gewann dadurch sowie durch Gewährung von Markt-, Münz- und Braurechten das Bürgertum der Städte für sich.

Elisabethkirche in Marburg, der erste rein gotische Kirchenbau in Deutschland (1235-1283)

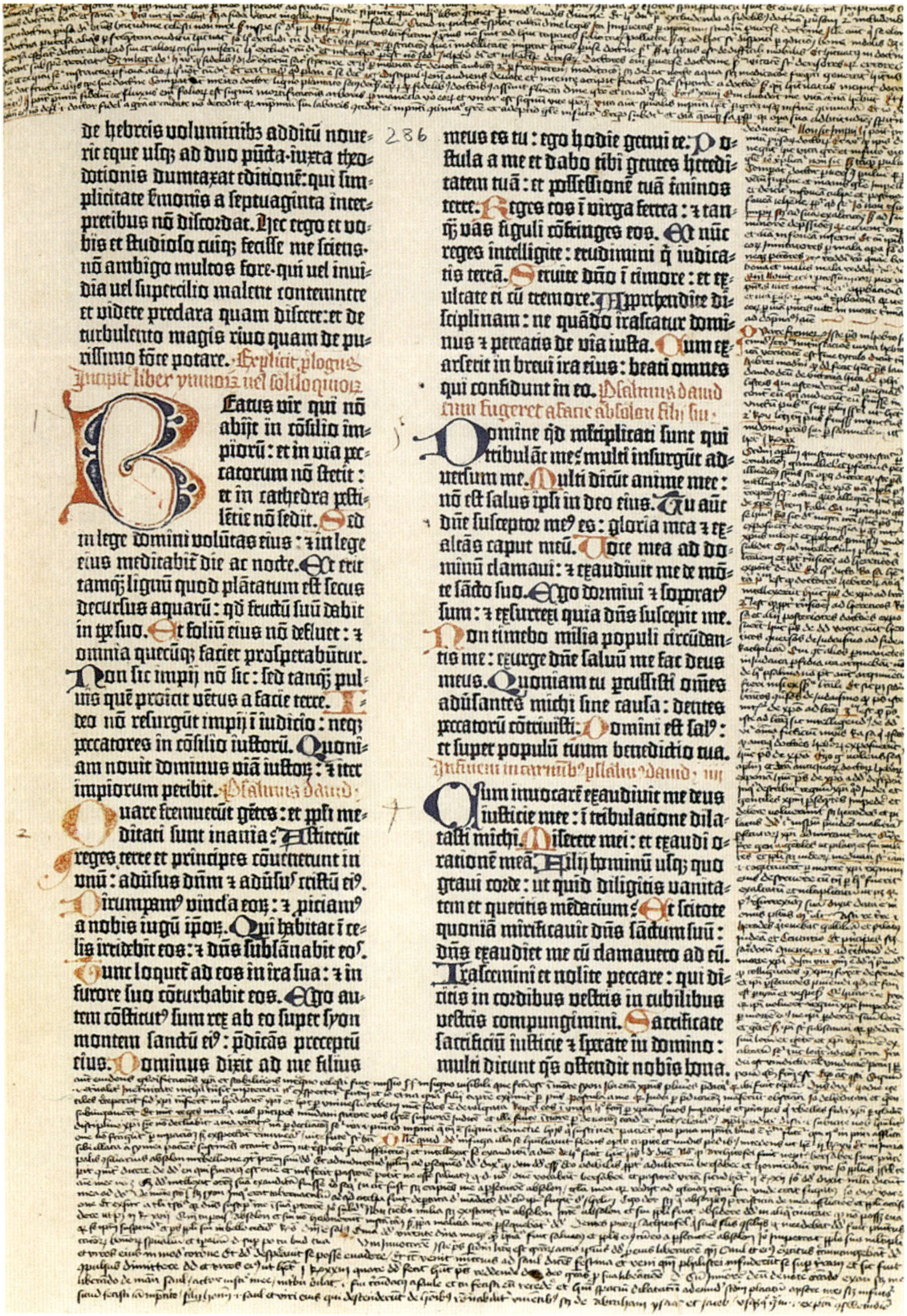

de hebreis voluminibꝫ additū noue-
rit eque usqꝫ ad duo pūcta·iuxta theo-
dotionis dumtaxat editionē: qui sim-
plicitate sermonis a septuaginta inter-
pretibus nō discordat. Hec ergo et vo-
bis et studioso cuiqꝫ fecisse me sciens-
nō ambigo multos fore·qui uel inui-
dia uel supercilio malent contemnere
et videre predara quam discere: et de
turbulento magis riuo quam de pu-
rissimo fōte potare. Explicit plogus.
Incipit liber ymnorū uel soliloquiorū

Beatus vir qui nō
abiit in cōsilio im-
piorū: et in via pec-
catorum nō stetit:
et in cathedra pesti-
lētie nō sedit. Sed
in lege domini volūtas eius: et in lege
eius meditabit die ac nocte. Et erit
tamqꝫ lignū quod plātatum est secus
decursus aquarū: qd fructū suū dabit
in tpe suo. Et foliū eius nō defluet: et
omnia quecūqꝫ faciet prosperabūtur.
Non sic impii nō sic: sed tamqꝫ pul-
uis quē proicit vētus a facie terre. I-
deo nō resurgūt impii i iudicio: neqꝫ
peccatores in cōsilio iustorū. Quoni-
am nouit dominus viā iustorꝫ: et iter
impiorum peribit. Psalmus dauid.
2 Quare fremuerūt gētes: et ppli me-
ditati sunt inania? Astiterūt
reges terre et principes cōuenerunt in
unū: adūsus dūm et adūsus xpm ei⁹.
Dirumpam⁹ vincla eorꝫ: et piciam⁹
a nobis iugū ipsoꝝ. Qui habitat i ce-
lis irridebit eos: et dūs subsānabit eos.
Tunc loquet ad eos in ira sua: et in
furore suo cōturbabit eos. Ego au-
tem cōstitut⁹ sum rex ab eo super syon
montem sanctū ei⁹: pdicās preceptū
eius. Dominus dixit ad me filius

286

meus es tu: ego hodie genui te. Po-
stula a me et dabo tibi gentes heredi-
tatem tuā: et possessionē tuā terminos
terre. Reges eos i virga ferrea: et tan-
qꝫ vas figuli cōfringes eos. Et nūc
reges intelligite: erudimini q iudica-
tis terrā. Seruite dūo i timore: et ex-
ultate ei cū tremore. Apprehendite di-
sciplinam: ne quādo irascatur domi-
nus et pereatis de via iusta. Cum ex-
arserit in breui ira eius: beati omnes
qui confidunt in eo. Psalmus dauid
cum fugeret a facie absolon filii sui.
Domine qd multiplicati sunt qui
tribulāt me? multi insurgūt ad-
uersum me. Multi dicūt anime mee:
nō est salus ipsi in deo eius. Tu aūt
dūe susceptor me⁹ es: gloria mea et ex-
altās caput meū. Voce mea ad do-
minū clamaui: et exaudiuit me de mō-
te sācto suo. Ego dormiui et soporat⁹
sum: et exsurrexi quia dūs suscepit me.
Non timebo milia populi circūdan-
tis me: exurge dūe saluū me fac deus
meus. Quoniam tu pcussisti oēs
aduersantes michi sine causa: dentes
peccatorū cōtriuisti. Domini est sal⁹:
et super populū tuum benedictio tua.
In finem in carminib⁹ psalm⁹ dauid.
Cum inuocarē exaudiuit me deus
iusticie mee: i tribulatione dila-
tasti michi. Miserere mei: et exaudi o-
rationē meā. Filii hominū usqꝫ quo
graui corde: ut quid diligitis vanita-
tem et queritis mēdacium? Et scitote
quoniā mirificauit dūs sanctum suū:
dūs exaudiet me cū clamauero ad eū.
Irascimini et nolite peccare: qui di-
citis in cordibus vestris in cubilibus
vestris compungimini. Sacrificate
sacrificiū iusticie et sperate in domino:
multi dicunt qs ostendit nobis bona.

Gutenberg-Bibel aus Immenhausen (1455 gedruckt),
mit einer Notiz über die erste evangelische Predigt dortselbst von 1523
und Randbemerkungen des Besitzers Pfarrer Bartholomäus Riseberg

IV. Reformation – Philipp der Großmütige

Die Blütezeit des mittelalterlichen Klosterlebens endete mit dem 13. Jahrhundert. Die Klöster wurden in den Kampf der politischen Mächte hineingezogen und bemühten sich selber um Machtpositionen, Privilegien und wirtschaftliche Sonderrechte. Sie finanzierten mit ihren zum Teil riesigen Einkünften den Streit ihrer Schirmvögte und Patronatsherren. Sie ahmten den prunkvollen Aufwand des aufblühenden Bürgertums nach und verweltlichten immer mehr. Der Protest der Bettelorden war auch schnell verklungen, nachdem sie sich in den allgemeinen Sog zum besseren und bequemeren Leben hatten hineinziehen lassen. Die langsame, zum Teil gewaltsame Zurückdrängung der Mainzer Oberhirten (endgültig durch die Schlacht bei Fritzlar 1427) schwächte das Ansehen der Kirche im Lande. Obwohl sich die hessischen Klöster der Bursfelder Reformbewegung angeschlossen hatten, verloren sie ebenso wie der Weltklerus aufgrund ihres kritikwürdigen Lebenswandels jede Ausstrahlungskraft.

Das Schloß in Marburg, erbaut von Sophie von Brabant, um 1300, später erweitert, Geburtsstätte Philipps

Der Mensch der Renaissance, stolz auf zahlreiche Erfindungen und Entdeckungen, begann, sich gegen die Bevormundung durch die Kirche aufzulehnen. Die weltliche Bildung des Humanismus verdrängte die kirchliche Scholastik. Unter den großen Humanisten finden sich bald auch Hessen wie der Philosoph und Theologe Conrad Muth aus Homberg, der Dichter Eobanus Hesse aus Helgershausen und der Reichsritter Ulrich von Hutten, ein Dichter von der Steckelburg bei Schlüchtern. Durch bessere Kenntnis der antiken Sprachen lieferten sie den Antrieb zu neuem Studium der bibli-

Ulrich von Hutten (1448-1523)

schen Texte. In ihrem Umkreis wurde die Kritik an den kirchlichen Verhältnissen am schärfsten vorgetragen, allen voran von Erasmus von Rotterdam, dem ersten Gelehrten seiner Zeit, einem bahnbrechenden Philologen, aber auch einem Kirchen- und Kulturkritiker. Obwohl er sich selber der Reformation niemals angeschlossen hat, war sein Einfluß auf fast alle Theologen der Reformationszeit unübersehbar. Mit ihm haben viele Humanisten durch ätzende Kritik an den kirchlichen Mißständen den Weg geebnet für den Kampf um die evangeliumsgemäße Kirche Jesu Christi.

Martin Luther, Deckengemälde in der Kirche zu Schmillinghausen/ Waldeck (1721)

Besonders anstoßerregend waren die fragwürdigen Geldgeschäfte des jungen Erzbischofs von Mainz, Albrecht von Brandenburg, im Zusammenhang mit seiner Wahl und mit dem damit verbundenen Ablaßhandel des Mönches Tetzel. Gegen diesen geldgierigen Versuch, Kapital aus den Bußleistungen der Beichtkinder zu schlagen, richteten sich die 95 Thesen des Wittenberger Theologieprofessors Martin Luther, der auch für Hessen zu einem der Väter der reformatorischen Bewegung wurde.

Während sich überall im Heiligen Römischen Reich Deutscher Nation die Klagen und Beschwerden gegen die kirchlichen Mißstände häuften, rang in einer stillen Klosterzelle ein von seinen Sünden angefochtener Augustinermönch um seinen Seelenfrieden, den er trotz schärfster Bußübungen nicht finden konnte. Als ihn seine Angst vor dem Zorngericht Gottes an seiner endlichen Errettung verzweifeln läßt, entdeckt er plötzlich bei intensivem Bibelstudium, daß die Gerechtigkeit, die Gott dem Sünder zuteil werden läßt, ein unverdientes Gnadengeschenk seiner Liebe ist. Um Christi Willen macht Gott auch den gerecht, der vor ihm schuldig geworden ist. Der ferne Gott tritt dem Sünder in seinem Sohn Jesus Christus rettend zur Seite.

Alsbald begann Martin Luther (1483-1546), inzwischen Doktor der Theologie und angesehener Professor an der Universität Wittenberg, diese Erkenntnis in den Vorlesungen und Predigten weiterzugeben. Es ging ihm ausschließlich um diese neue Sicht des Evangeliums, die er von nun an zum Maßstab macht für alles, was auch er an Mißständen in seiner Kirche entdeckt. Furchtlos nennt er die Probleme beim Namen und erregt großes Aufsehen unter Studenten und Professoren, geistlichen und weltlichen Fürsten.

Zu seinen Füßen saßen auch hessische Studenten und wurden zu begeisterten Anhängern Luthers. Sie alle hatten bei ihm gelernt, wieder nach den biblischen Quellen zu fragen und ihre Predigt an der Heiligen Schrift zu orientieren.

Bartholomäus Riseberg (1467-1539), wurde noch 1523 in Immenhausen wegen lutherischer Predigt verhaftet

In diesem Sinne wirkten Adam Krafft, den Luther durch die Leipziger Disputation von 1518 überzeugt hatte, in Fulda und Dr. Tilemann Schnabel, ein Jugendfreund Luthers, in Alsfeld. Auch die wichtigsten Männer der Hessischen Kirchenreform wie Lambert von Avignon und Martin Bucer aus Straßburg waren schon frühzeitig Schüler des Wittenberger Streiters. In Kassel las Johann Eckhardt schon 1520 die Messe in deutscher Sprache. Als Luther 1521 zum entscheidenden Bekenntnis vor dem Kaiser zum Reichstag nach Worms reiste, kam er durch Hersfeld und Alsfeld, freudig begrüßt und aufgenommen. Er predigte auf Einladung von Abt Crato auf dem Rückweg in Hersfeld.

Das Auftreten der Prediger Bartholomäus Riseberg in Immenhausen, Johannes Bethel in Eschwege, Gerhard Ungefug in Homberg, Nikolaus Ulifex in Treysa, Johannes Banne und Johann Huhn in Fritzlar zeigt deutlich, daß schon Jahre vor der offiziellen Einführung der Reformation durch Landgraf Philipp die evangelische Lehre in voller Breite das hessische Land erreicht hatte und von der Bevölkerung mit Freuden angenommen wurde. Es entstand eine evangelische

Bewegung von unten her, getragen von der niederen Geistlichkeit, vom Landadel, von der städtischen Bürgerschaft und auch vom Bauernstand. Ihre umfangreiche Ausbreitung veranlaßte den jungen Landgrafen Philipp zunächst zu heftigen Reaktionen gegen die Reformation.

Philipp selber, 1504 in Marburg geboren, folgte seinem Vater, dem Landgrafen Wilhelm II., schon 1509 in der Regierung des ganzen Hessenlandes, zunächst unter der Vormundschaft seiner Mutter, ab 1518 mit 14 Jahren als selbständiger Landesherr. Er versuchte anfangs, die durch die neue Lehre entstandenen Unruhen im Lande zu unterdrücken, doch bewirkte eine zufällige Begegnung des 20jährigen mit Luthers bedeutendstem Mitarbeiter in Wittenberg, Professor Philipp Melanchthon, eine völlige Umstimmung des feurigen Fürsten, der durch eingehendes Schriftstudium und das rege Lesen der reformatorischen Schriften Luthers bald zu den theologisch hervorragend gebildeten Laien seiner Zeit gehörte. Schon ein Jahr nach dem Gespräch mit Melanchthon, der ihm noch eine „Zusammenfassung der erneuerten kirchlichen Lehre" gewidmet und übersandt hatte, berief der Fürst einen Schüler Luthers, Adam Krafft aus Fulda, an seinen Hof. Philipps Briefwechsel mit seinem altgläubigen Schwiegervater Georg von Sachsen zeigt, daß er aus innerster Überzeugung der Sache der Reformation beigetreten war und sein neues Bekenntnis wohl zu verteidigen wußte. Gleichzeitig knüpfte der tatkräftige Hessenfürst politische Verbindungen mit anderen evangelischen Fürsten an und schloß ein erstes Schutzbündnis mit Kursachsen ab, dem sich bald weitere Länder und Städte anschlossen. Aus dieser Zeit wird das Wort Philipps überliefert: „Ich will eher Leib und Leben, Land und Leute lassen, denn von Gottes Wort weichen."

Philipp von Hessen (1504-1567), Holzschnitt von Hans Brosamer

Ehe wir den weiteren Verlauf der hessischen Reformation verfolgen, muß noch ein anderer theologischer Vater der Reformation genannt werden, der - auch ein Erasmusschüler - fast gleichzeitig mit Luther durch eigenes Schriftstudium zu reformatorischen Gedanken kam und 1520 mit der Papstkirche brach: Huldrych Zwingli, der seine noch radikaler als bei Luther auf das Wort der Schrift gegründeten Thesen in der ersten in deutscher Sprache verfaßten Dogmatik 1523 in Zürich vortrug und durchführte (u.a. Abschaffung der Bilder, des Orgelspieles und des Gemeindegesanges, der Firmung, vieler Feiertage, nur vier Abendmahlsfeiern im Jahr). Zwingli widmete dem hessischen Landgrafen seine Entgegnung auf Luthers Abendmahlslehre. Er war stark politisch interessiert - ganz im Gegensatz zu Luther - und proklamierte auch ein politisches Widerstandsrecht. Er wollte mit Philipp zusammen eine habsburgfeindliche Koalition aufbauen, fiel aber schon 1531 als Feldprediger bei den Kämpfen zwischen den Schweizer Kantonen um die Einführung der Reformation. Seine Gedanken, zusammen mit denen des Genfer Reformators Johannes Calvin, haben das Hessenland gegen Ende des 16. Jahrhunderts in schwere konfessionelle Kämpfe gestürzt.

Philipp Melanchthon (1497-1560), Ölbild von Lucas Cranach d.Ä.

Huldrych Zwingli (1484-1531)

Auf dem Reichstag zu Speyer 1526 trugen die Ritter und Knechte des landgräflichen Gefolges Feldbinden mit den Buchstaben V.D.M.I.E. (verbum Dei manet in eternum - das Wort Gottes bleibt in Ewigkeit, nach 1. Petrus 1, 25). In seinem Quartier ließ der Landgraf Adam Krafft, dem man keine Kanzel in der Stadt eingeräumt hatte, vor Fürsten und zahlreichem Volk die neue Botschaft verkündigen. Aus dem Reichstagsabschied von Speyer („...die Stände sollten sich so verhalten, wie ein jeder gegen Gott und den Kaiser sich zu verantworten getraue...") leitete Philipp das Recht auf öffentliche Einführung der Reformation ab und berief zur Vorbereitung derselben den ehemaligen Franziskaner Franz Lambert von Avignon, der sich schon frühzeitig Luther angeschlossen hatte und damals in Straßburg wirkte.

Reformationskirche zu Homberg (1340)

Am 20. Oktober 1526 versammelte sich in Homberg an der Efze eine vom Landgrafen einberufene „Provinzialsynode", eine „Versammlung der Landschaft", wie der Landgraf sie dem Kaiser gegenüber nannte. Durch sie sei er „mit Rat und Zutun der Ritterschaft und gemeiner Landschaft" zur Abschaffung der falschen Predigt ermächtigt worden. An die Vertreter der Geistlichkeit und der Orden war die Einladung auf ein „freundlich und christlich Gespräch" ergangen. Wie man auch immer diese Versammlung nennen will, sie zeigt das Bestreben des Landesherren, die neu vorgelegte Ordnung auf einer möglichst breiten Ebene disputieren zu lassen. Die Anfangsthesen dieses ersten hessischen Reformationsentwurfes sind bis in die Bekenntniskämpfe im 20. Jahrhundert die heimlichen Leitgedanken für die kirchlichen Ordnungen geblieben:

„Nur das ist richtig, was mit Gottes Wort übereinstimmt; nur es allein ist stets der sicherste Maßstab dafür, ob etwas recht ist. Daher muß die Kirche Gottes allein nach seinem Wort regiert werden, damit sie rechte Kirche ist. Und alle Mißbräuche, die in ihr eingerissen sind, müssen allein nach Maßgabe seines Wortes gebessert werden."

Gegen die von Lambert vorgetragenen 158 Streitsätze erhob Nikolaus Ferber aus Marburg den Vorwurf der Ketzerei und bestritt dem Landgrafen das Recht zur Einberufung einer Synode und zum Erlaß kirchlicher Ordnungen. Philipp selbst beteiligte sich an der Aussprache, die mit der Einsetzung einer Kommission zur Ausarbeitung einer Reformationsord-

nung endete. Diese „Reformation der Kirchen Hessens" stand unter dem Leitgedanken, daß die angestrebte Neuordnung bestimmt sein sollte „von Gottes Wort, welches aller Gläubigen einzige und sichere Richtschnur zum Heile ist". Neben Forderungen, die Luther schon erhoben hatte (wie Abendmahl in beiderlei Gestalt, Liturgie in deutscher Sprache, Eheerlaubnis für alle Personen geistlichen Standes, die Einrichtung von Schulen, Abschaffung der Klöster und eine geregelte Armenpflege), finden sich bei Lambert Vorschläge für eine wöchentliche Gemeindeversammlung, das Recht der Einzelgemeinde auf Pfarrerwahl, eine Landessynode aus Geistlichen und Laien, die Einstellung von Gemeindediakonen, Gründung einer theologischen Fakultät und einer Stipendiatenanstalt sowie eine Fülle weiterer Dinge, die den Möglichkeiten der damaligen Zeit so weit vorauseilten, daß Luther von einer Einführung abriet, nachdem Philipp ihn um sein Urteil gebeten hatte. In späteren Zeiten sind jedoch viele Gedanken Lamberts, begründet durch dessen Theologie des Wortes, zum Zuge gekommen.
Luther schlug vor, zunächst einmal gute Prediger einzusetzen und den langsameren Weg der Visitationen zu gehen, also durch persönliche Besuche und Befragungen vor Ort die Verhältnisse neu zu ordnen.
Damit war aber zugleich die Frage nach den Amtsträgern aufgeworfen, die für solche Visitationen geeignet waren. Luthers anfängliche Hoffnung, daß sich die bisherigen Bischöfe der Reformation anschließen würden, erfüllte sich nicht - bis auf zwei Ausnahmen (Samland und Brandenburg). Obwohl Luther ihnen ihre weltliche Macht als Landesherren weiterhin zugestehen wollte, wenn sie im kirchlichen Bereich die evangelische Predigt zulassen würden, so war doch bald klar, daß Päpste und Kaiser die geistlichen Fürsten absetzen würden, wenn sie einen Glaubenswechsel vornahmen. Nach und nach bildete sich der schließlich im Augsburger Religionsfrieden von 1555 festgelegte Grundsatz heraus,

daß die weltlichen Reichsstände in ihrem Bereich über die Handhabung der Religion entscheiden sollten.
Luther entwickelte daraus die Hilfskonstruktion, die Landesherren als „Notbischöfe" anzusehen, die jetzt in ihrem Herrschaftsbereich die äußere Leitung der Kirche übernehmen müßten und das Recht zur Einsetzung der Geistlichen wahrzunehmen hätten. Für diese Aufgaben (später Summepiskopat genannt) sollte sich der Landesherr geistlicher Berater, Visitatoren, Superintendenten und ähnlicher bedienen, die teilweise auch evangelische Bischöfe wurden (Luther hat zwei eingeführt: in Naumburg und Merseburg).
In Hessen haben die Räte des Landgrafen zusammen mit leitenden Geistlichen das Consistorium gebildet, eine Behörde, die schließlich nach dem Ende der Herrscherhäuser in ein selbständiges Landeskirchenamt überging.

Siegel der Universität Marburg, (gegründet 1527)

Das Jahr 1527 brachte für Hessen drei entscheidende Schritte auf dem Weg zu einer eigenständigen Landeskirche. Philipp gründete in Marburg die erste protestantische Universität der Welt und berief neben Adam Krafft den Lutheraner Erhard Schnepff, Lambert von Avignon und den Erasmusschüler Johannes Drach als Professoren. Für alle Fakultäten sollte das Wort Gottes einziger Maßstab sein. Dieses und die freien Wissenschaften sollten die neuen Waffen für die Menschen sein, die „als unerschrockene Bekenner Christi und standhafte Vertreter der Wahrheit" aus dem Studium in Marburg hervorgehen würden. Für die finanzielle Ausstattung dieser gelehrten Bildungsstätte - ebenso für die angeschlossene Stipendiatenanstalt - zog man die Einkünfte der aufgehobenen Klöster heran.
Die in Homberg beschlossene Klösterkommission begann sogleich ihre Arbeit, da sich schon die ersten Konvente selber aufzulösen begannen. Die Einkünfte von mehr als 50 aufgehobenen Klöstern - sie waren zum Teil durch Mißwirtschaft ihrer Vögte und Pächter in Unordnung geraten - wurden für

kirchliche Aufgaben bereitgestellt. Es ging dabei um riesige Summen - nach heutigem Geldwert mehrere Millionen Mark -, die nun zur Verbesserung der Pfarrerbesoldung, für die Einrichtung neuer Pfarrstellen und Schulen, sowie für die Einrichtung von Stadthospitälern und Landeshospitälern (Haina und Merxhausen) verwendet wurden.

Gleichzeitig begann eine weitere Visitationsgruppe unter Leitung von Adam Krafft mit dem Besuch der einzelnen Gemeinden und überprüfte dort die ordentliche Bestellung und Besoldung der evangelischen Prediger, die rechtmäßige Verwaltung der kirchlichen Einkünfte und Stiftungen sowie die Armenpflege, für die eigene „Gotteskästen" eingerichtet und Armenpfleger eingesetzt wurden. Auch das Schulwesen, das Sache der Kirchengemeinden war, wurde neu geregelt. Einen vorläufigen Abschluß fand diese kirchliche Neuordnung im Jahr 1528 durch den Vertrag von Hitzkirchen, in dem der Erzbischof von Mainz der geistlichen Gerichtsbarkeit in Hessen entsagte und damit die Selbständigkeit der neuen Kirche bzw. die landesherrliche Gewalt anerkannte. In kürzester Zeit hatte sich ein ungeheurer Umbruch vollzogen. Nur fünf Jahre nach der Hinwendung Philipps zur lutherischen Lehre hatte sich bereits das ganze Hessenland der Reformation angeschlossen. Nur die drei alten Missionsstützpunkte des Bonifatius - Amöneburg, Fritzlar und Fulda - behielten wegen ihrer engen Verbindung mit dem Erzbistum Mainz bis in die Mitte des 20. Jahrhunderts eine überwiegend katholische Bevölkerung.

Steinrelief von Philipp Soldan in der Klosterkirche Haina (1542): Philipp setzt das Liebeswerk seiner Ahnfrau Elisabeth fort

Für die Kirchenreformer erhob sich damals die Frage, wie man das neue Kirchenwesen - zur Unterscheidung von den bisherigen Bistümern - bezeichnen sollte. Luther selber hatte ja nicht daran gedacht, eine neue Kirche zu gründen, sondern wollte die bestehende, deren Priester und Professor er war, nur reformieren. Nun aber entstanden Landeskirchen, deren

Mitglieder - in Erinnerung an den Protest gegen den Beschluß des zweiten Speyrer Reichstages (1529) - „Protestanten“ genannt wurden.

Denkmal Philipps vor seiner Begräbniskirche (Martinskirche) in Kassel, eingeweiht 1899, im Krieg eingeschmolzen

Nachdem die protestantischen Stände auf dem Reichstag zu Augsburg 1530 dem Kaiser ihr von Melanchthon verfaßtes Bekenntnis, die Confessio Augustana, vorgelegt hatten, benutzte man die Unterscheidung zwischen den „Konfessionsverwandten“ und den „Altgläubigen“. Erst nach und nach bürgerten sich die eigentlich nicht ganz zutreffenden Konfessionsbezeichnungen „katholisch“ und „evangelisch“ ein, wobei sich die evangelischen Kirchen - je nach ihrer Herkunft von der zwinglianisch-calvinistischen oder der Wittenberger Reformation - als „reformiert“ oder „lutherisch“ bezeichneten (Luther selber hatte sich gegen eine solche Verwendung seines Namens ausgesprochen!). Wenn heute vielfach von den mittelalterlichen Kirchen gesagt wird, sie seien katholisch gewesen, so ist das eine ungenaue Redeweise. Es gab damals nur eine einheitliche christliche Kirche ohne Konfessionsbezeichnung. Sie war, theologisch gesprochen, sowohl katholisch (=allgemein und weltumfassend) als auch evangelisch, weil die Verkündigung des Evangeliums zu allen Zeiten ihr Hauptauftrag war.

Das Chorgewölbe der Homberger Reformationskirche wird von dreiteiligen Wanddiensten getragen, die in bemerkenswerten Schlußsteinen enden. Nach heutiger Interpretation stellen sie die dreifache Gestalt Jesu dar: Menschensohn – Der auferstandene Christus – Lamm Gottes.

Adam Krafft (1493-1558),
zeitgenössischer Holzschnitt aus dem Thesaurus pictuarum

V. Gemeindeaufbau und Visitation – Adam Krafft und Martin Bucer

Die geschilderte, gewaltige Umbau- und Aufbauleistung der hessischen Kirche ist nicht nur dem stürmischen Engagement und dem theologischen Interesse des Landgrafen zu verdanken, sondern auch seinem guten Gespür für die Heranziehung der richtigen Fachleute - hier der Theologen, allen voran Adam Krafft, den man mit Recht den ersten evangelischen Bischof im ursprünglichen Sinne des Titels = Aufseher genannt hat. Er wurde 1493 als Sohn eines Bürgermeisters in Fulda geboren und schloß sich nach seinem Studium an der von Humanisten geprägten Universität Erfurt Martin Luther an, dem er mehrfach persönlich begegnet war. Als volkstümlicher, lebensnaher Stiftsprediger in Hersfeld verkündete er vollmächtig die evangelische Lehre. Als Philipp 1525 Fulda aus der Gewalt aufständiger Bauern befreit hatte, lud er den von seinen Widersachern der aufhetzenden Verkündigung beschuldigten Magister Krafft nach Fulda, damit er sich durch eine Predigt rechtfertigen könnte. Der Landgraf war von Krafft so beeindruckt, daß er ihn sogleich als Feldprediger für sein Heer mitnahm und anschließend als Hofprediger einsetzte.

Auf der geschilderten Kirchenversammlung in Homberg (1526) hatte Krafft die Aufgabe, die lateinisch vorgetragenen Reformationsthesen des Lambert den Zuhörern wirkungsvoll ins Deutsche zu übersetzen. Dann übertrug ihm Philipp als einem von sechs Superintendenten (Regionalbischöfe) den Sprengel Marburg. Zusätzlich wurde er zum Professor an der neuen Universität berufen und, durch eine Art Generalvollmacht als oberster Visitator ausdrücklich allen Geistlichen im Lande vorgesetzt, de facto also Landesbischof.

Viele Reformationsordnungen in hessischen Gemeinden stammen aus Kraffts Feder, ebenso ein Gutachten „zur Aufnahme der Reformation in Waldeck". Seine Marburger Kirchenordnung, zuletzt neu gefaßt 1557, wurde zur Musterordnung für das ganze Land bestimmt. Krafft nahm an allen wichtigen Religionsgesprächen teil und verfaßte auch die „Ordnung der christlichen Kirchen im Fürstentum Hessen", die 1532 von einer Synode (Zusammenkunft der leitenden Geistlichen) in Homberg angenommen wurde. Dreimal war Krafft auch Rektor der Marburger Universität; doch führte dieses Übermaß an Aufgaben schon 1530 zu einem ersten Zusammenbruch wegen völliger Erschöpfung.

Auf einem Schiedstag zu Limburg 1537 beschwerten sich die Mainzer Vertreter, daß Philipp „einen neuen Prediger, Adam von Fulda genannt, zu einem obersten Bischof gesetzt, der befohlen hat, die Pfarrherren zu examinieren, sie zu setzen und zu entsetzen; selbst in Mainzer Dörfern und Patronatsstellen gebe er Ordnungen, wie sie taufen, Messe halten, die Sakramente in beiderlei Gestalt reichen...". Philipp ließ antworten, die Bestellung Kraffts habe ihm die Not aufgezwungen, womit er sagen wollte, daß die bisherigen geistlichen Oberhirten ihren Pflichten nicht nachgekommen seien, sonst hätte man keinen Prädikanten zum Bischof machen müssen.

Philipp hat bis zum Ende an Krafft festgehalten und seine geistliche Autorität stets voll anerkannt, obwohl es gelegentlich auch harte Meinungsverschiedenheiten gab. Als Krafft 1558 in Marburg starb, schrieb der Homberger Pfarrer Leonhard Crispin an einen Freund: „Unser Adam stand in unserem Gebiet mehr als 30 Jahre an der Spitze der Kirchenleitung, und zwar mit höchster Sorgfalt und Treue."

Die geographische Mittelstellung der neuen hessischen Kirche zwischen den oberdeutschen und Wittenberger Gebieten aber auch der persönliche Drang Philipps nach einer theologischen Basis für ein gemeinsames politisches Handeln führten zu ernsthaften Bemühungen um einen Ausgleich zwischen der Sächsischen und der Schweizer Lehre. Es gab auch unter den hessischen Pfarrern Anhänger Zwinglis, der 1529 die Einladung Philipps zu einem Gespräch mit den Wittenbergern in Marburg gern annahm. Diese waren zunächst weniger begeistert und sagten nur aus persönlicher Rücksichtnahme auf den Landgrafen zu. Vom 1. bis 3. Oktober diskutierten auf dem Schloß in Marburg Luther, Melanchthon, Jonas, Brenz, Osiander, Zwingli, Ökolampad, Bucer und Hedio über zentrale theologische Fragen. Es wird im Blick auf das Ergebnis jener ersten Zusammenkunft der bedeutendsten Vertreter der reformatorischen Theologie meistens übersehen, daß diese einen beachtlichen Konsens in 14 von 15 Artikeln erreichten. Selbst in der heiß umstrittenen Abendmahlsfrage kam man von der schroffen Ablehnung der Meinung der anderen ab und bemühte sich wenigstens um ein besseres Verstehen der gegenseitigen Positionen. Die hessische Kirche wurde von diesem Gespräch unmittelbar nicht berührt, da die verabschiedeten Artikel hier nicht eingeführt wurden.

Zwingli und Luther beim Religionsgespräch, Relief an der Martinskirche (1899)

Philipp aber, der sich bemühte, sein Land vor einer einseitigen konfessionellen Sonderprägung zu bewahren, fand Geschmack an einer vermittelnden oberdeutschen Theologie und berief später (1538) einen der angesehensten Vertreter derselben, Martin Bucer aus Straßburg, als Berater und Organisator für den weiteren Aufbau der hessischen Kirche zu sich. Dieser, 1491 in Straßburg geboren, war dem Dominikanerorden beigetreten und begegnete Luther schon bei der Heidelberger Disputation von 1518. Danach trat Bucer aus dem Orden aus und begann, als Weltpriester in seiner Heimat reformatorische Predigten zu halten. Drei Jahre bevor Luther Katharina von Bora heiratete, schloß Bucer schon die Ehe mit einer ebenfalls ausgetretenen Nonne. Er organisierte die Straßburger Kirche

und entwarf für den Augsburger Reichstag 1530 ein Sonderbekenntnis für die Städte Straßburg, Konstanz, Lindau und Memmingen (Confessio Tetrapolitana).
Bucer versuchte auch nach dem Marburger Religionsgespräch, die oberdeutschen Theologen mit Luther zu vereinen. Dazu traf er sich 1534 in Kassel mit Melanchthon, der unter den Wittenbergern der am wenigsten schroffe Theologe war, und beteiligte sich an der Wittenberger Konkordie von 1536 sowie an den Religionsgesprächen in Leipzig, Worms und Regensburg. Bucer war theologisch sowohl Luther als auch Erasmus verbunden. Sein Kirchenbegriff wurde stark von dem Gedanken eines Bundes zwischen Gott und den Menschen und einer festen Kirchenzucht geprägt, beides in enge Verbindung gebracht mit dem Wirken des Heiligen Geistes. Dieser Ansatz machte Bucer besonders geeignet für das Gespräch mit den Wiedertäufern, die mit ihrem Bibelverständnis noch weit über Luther hinausgingen und als radikaler Flügel der Reformation auch in Hessen zahlreiche Anhänger gefunden hatten. Vorgeworfen wurden ihnen von den Behörden die Ablehnung der Kindertaufe bzw. das Wiedertaufen Erwachsener, das Fernbleiben von der Predigt, die Kriegsdienstverweigerung und die Verbreitung kommunistischer Gedanken in Anlehnung an Thomas Müntzer, den Prediger der rebellischen Bauern.

Martin Bucer (1491-1551)

Während der sächsische Kurfürst für die Täufer die Todesstrafe forderte und Adam Krafft sie in ein Irrenhaus sperren wollte, zeigte sich Philipp in seinen Vorschriften für das Einschreiten gegen die Sektierer erstaunlich tolerant. Die örtlichen Pfarrer sollten erst einen Bekehrungsversuch machen, bevor die übliche Landesverweisung in Kraft trat, damals eine der mildesten Strafmaßnahmen, zumal die Leute ihre bewegliche Habe mitnehmen und alles andere vorher ordentlich verkaufen durften. Philipp hat persönlich mit den gefangenen Täuferführern diskutiert und mit dem Neuen Testament in der Hand um ihre Bekehrung gerungen. Auch Martin Bucer diskutierte 1538 vier Tage lang mit den führenden Täufern und erreichte wenigstens die Anerkennung der Rechtmäßigkeit der reformatorischen Bemühungen und eine gewisse Mitarbeit dieser Gruppen am Aufbau der Landeskirche.

Martin Bucer hatte eine eigenständige, vermittelnde Form der Kirchenorganisation im Sinn. Nach vorläufiger Beilegung der Abendmahlsdifferenzen durch die Wittenberger Konkordie von 1536 ging es um eine Zusammenfassung der bisherigen Ergebnisse durch eine „Ordnung der Visitation und der Kirchendiener". Schon vorher wurde die Kirche in sechs Sprengel eingeteilt und durch eine jährliche Synode der sechs Superintendenten geleitet. Damit wurde die bisherige, fast bischöfliche Stellung von Adam Krafft durch ein Kollegium leitender Geistlicher eingeschränkt, die nicht vom Landesherrn, sondern von den Pfarrern auf Diözesansynoden gewählt wurden; damals noch ohne Gemeindemitglieder. Der Landgraf als Schirmherr der Kirche erhielt nur das Bestätigungsrecht der gewählten leitenden Geistlichen.

In der wichtigen „Ordnung der christlichen Kirchenzucht" (Ziegenhain 1539), die auf Bucer zurückgeht und von der Synode gebilligt wurde, wurden zum ersten Mal in einer evangelischen Kirche Presbyterien (Kirchenvorstände) eingeführt, die durch die Ausübung der Kirchenzucht einen wesentlichen Einfluß auf die örtliche Gemeinde bekamen. Das Amt dieser Kirchenältesten war ebenso neu wie die Einführung der Konfirmation als bewußte Eingliederung der jungen Menschen in die Gemeinschaft. Damit kam Bucer den Täu-

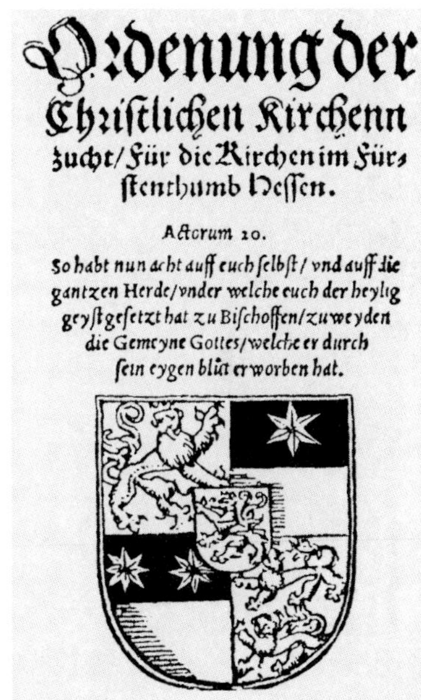
Ordenung der Christlichen Kirchenn zucht/ Für die Kirchen im Fürstenthumb Hessen.

Actorum 20.

So habt nun acht auff euch selbst/ vnd auff die gantzen Herde/ vnder welche euch der heylig geyst gesetzt hat zu Bischoffen/ zuweyden die Gemeyne Gottes/ welche er durch sein eygen blůt erworben hat.

Titelblatt der Ziegenhainer Ordnung von 1539

fern entgegen, die auf Selbstverantwortlichkeit der Gemeinden in Seelsorge, Kirchenzucht und Erziehung drängten. Die Ordnung empfahl stufenweise Bemühungen der Pfarrer und Kirchenältesten um verstockte oder gottlose Gemeindeglieder und sah nur als letztes Mittel den Kirchenbann vor, also den Ausschluß aus der Abendmahlsgemeinde, der bei reuigen Sündern jederzeit wieder aufgehoben werden konnte.

Mit der „Ordnung der Kirchenübung für die Kirchen zu Kassel" (1539) schuf Bucer nach Straßburger Vorbild eine exemplarische Regelung der gottesdienstlichen, liturgischen und seelsorgerlichen Fragen. Von Hessen aus hat sich die Konfirmation, das Herzstück der Bucerschen Gedanken, in alle evangelischen Kirchen ausgebreitet. Im Zusammenhang mit Konfirmation und Katechismusunterricht griff Bucer auch die schon von Luther erhobene Forderung zur Einrichtung von Schulen auf, was dazu führte, daß bis zum Ende des Jahrhunderts Volksschulen, die an die Kirchengemeinden angegliedert wurden, in allen Pfarrorten vorhanden waren.

Auch während seiner Tätigkeit für Philipp blieb Martin Bucer Prediger in Straßburg, führte aber 19 Jahre lang einen regen Schriftwechsel mit dem Landgrafen. Nach dem Sieg des Kaisers im Schmalkaldischen Krieg gegen die evangelischen Verbündeten mußte Bucer auf Drängen des Kaisers seine Heimatstadt verlassen und trat in den Dienst der englischen Kirche, wo er als Mitarbeiter von Erzbischof Cranmer bis zu seinem Tode 1551 einen wesentlichen Einfluß auf die dortige reformatorische Entwicklung nahm. Seine hessischen Ordnungen wurden erst richtig wirksam nach der Rückkehr Philipps aus der kaiserlichen Gefangenschaft, die von 1547 bis 1552 dauerte.

Wie schon angedeutet, war Philipp von Anfang an bemüht, die protestantischen Länder und freien Städte zu einem gemeinsamen Vorgehen zu bewegen. Bei einem Zusammentreffen in der zu Hessen gehörenden Herrschaft Schmalkalden wurde Ende 1530 von den meisten Anwesenden ein

Widerstandsrecht gegen die kaiserliche Gewalt proklamiert. 1531 schlossen sich sieben Fürsten und elf Städte zu einem Defensivbündnis zusammen, dem bald weitere Städte beitraten. Philipp wurde Bundeshauptmann dieses Schmalkaldischen Bundes, zu dessen Bundesurkunde die Augsburger Konfession - kurz C A genannt - bestimmt wurde. Man verhandelte in den folgenden Jahren auch mit ausländischen Mächten, sogar mit Frankreich und England sowie mit Dänemark, das 1538 aufgenommen wurde. Der Bund lehnte das vom Papst einberufene Konzil ab und erwog eine allgemeine christliche Gegensynode. Luther wurde beauftragt, die Artikel zusammenzustellen, „worin von Friedens und Einigkeit wegen zu weichen und nachzugeben sein möchte oder nicht" (Schmalkaldische Artikel von 1537, Luthers einzige systematisch-dogmatische Schrift). Nachdem sich auch die altgläubigen Stände mit Kaiser und König an der Spitze zur Nürnberger Liga zusammengeschlossen hatten, standen die Zeichen auf Sturm. Alle Bemühungen um einen friedlichen Ausgleich vermochten die Auseinandersetzung mit den Waffen nur noch um einige Jahre hinauszuschieben.

Luthers Quartier in Schmalkalden mit der Inschrift: „Versammlungshaus der evangelischen Stände und Theologen bei der Verfertigung der Schmalkaldischen Artikel 1532"

Leider gab Philipp selber schließlich dem Kaiser die Möglichkeiten zu einem reichsrechtlichen Vorgehen gegen ihn und die Mitstreiter in die Hand. Gemeint ist seine unglückliche Doppelehe, mit der sich der heißblütige Landgraf aus seinen sexuellen Nöten befreien wollte. Er glaubte es mit seinem Gewissen und seiner zeitweilig ausgesetzten Teilnahme am Abendmahl nicht länger vereinen zu können, sich wie andere Fürsten seiner Zeit eine Mätresse zu halten. Von den Wittenberger Reformatoren, die er mit unrichtigen Angaben getäuscht hatte, erlangte er einen Beichtrat, der ihm in Anlehnung an alttestamentliche Beispiele eine Nebenehe gestattete. Trotz der Bedingung der Theologen nach einer unbedingten Geheimhaltung ließ sich Philipp im März 1540 in Rotenburg an der Fulda das sächsische Edelfräulein Margarethe von der Saale „als Gemahlin zur linken Hand" antrauen. Auch seine Frau Christine von Sachsen hatte diesem zweifelhaften Vorhaben zugestimmt. Doch die Doppelehe wurde bald bekannt und brachte die Theologen in große Schwierigkeiten.

Margarethe von der Saale (1522-1566) gebar Philipp sieben Söhne (die zu Grafen von Dietz erhoben wurden) und eine Tochter

Schlimmer aber war es, daß der Landgraf nach dem Reichsgesetz Land und Amt hätte verlieren können und er von da an auf Gedeih und Verderb von der Gnade des Kaisers abhängig wurde. Dieser gewährte ihm die erbetene Verzeihung und Billigung der Nebenehe nur gegen schwerwiegende politische Zugeständnisse, die zu einer Schwächung des Schmalkaldischen Bundes führten und Philipps Stellung im protestantischen Lager erheblich beeinträchtigten. Sieben Söhne gingen aus Philipps Nebenehe hervor, von denen sechs jung starben und der letzte wegen vieler Untaten im Gefängnis endete. Philipp hatte seiner ersten Frau, mit der er vier Söhne hatte, ausdrücklich zugesichert, daß die Kinder aus der zweiten Ehe keine Ansprüche auf das hessische Erbe haben sollten.

Nachdem Philipp zusammen mit dem sächsischen Kurfürsten 1542 in Braunschweig die Reformation unter Vertreibung des Herzogs eingeführt hatte, traf die beiden Fürsten die kaiserliche Acht. Im anschließenden Schmalkaldischen Krieg unterlag der geschwächte Bund dem Kaiser und seinen Verbündeten. Der Landgraf mußte sich dem Kaiser unterwerfen und eine schwere Kriegsentschädigung aus seinem Land zahlen. Philipp wurde trotz gegenteiliger Zusagen verhaftet und vom Kaiser auf Jahre hinaus einer demütigenden Haft unterworfen. Der siegreiche Karl V. erließ zu Augsburg das Interim, ein Religionsgesetz, das die katholische Lehre stark begünstigte, alte Riten wieder einsetzte und der evangelischen Partei nur unter Vorbehalten geringe und befristete Zugeständnisse machte. Der durch die Gefangenschaft zermürbte Landgraf war sogar zur Annahme bereit, obwohl sich seine Geistlichkeit und Beamtenschaft auf einer Generalsynode in Kassel dem Interim heftig widersetzte.

Ein unerwarteter Umschwung zu Philipps Gunsten kam durch einen politischen Schwenk seines Schwiegersohnes Kurfürst Moritz von Sachsen zustande, der sich plötzlich gegen den Kaiser stellte und ihn durch eine Fürstenerhebung zur Kapitulation und zum Vertrag von Passau 1552 zwang. Der Kaiser mußte Philipp freilassen, den er nach einem Geheimbefehl bis 1565 in Haft behalten wollte. Zusammen mit Philipps Sohn, Landgraf Wilhelm, erreichte Moritz, eine Rücknahme aller antiprotestantischen Maßnahmen und Gesetze. Im Augsburger Religionsfrieden von 1555 stimmte der Kaiser einem Ausgleich zwischen den Religionsparteien zu und tolerierte die evangelische Lehre, wie sie im Augsburger Bekenntnis dargelegt worden war, nunmehr reichsrechtlich und endgültig. Dem zurückgekehrten Philipp aber gab sein Volk in Würdigung seiner Haltung in der Gefangenschaft den Beinamen „der Großmütige" und blieb ihm über den Tod hinaus dankbar für sein Eintreten für das Evangelium. In seinen letzten Lebensjahren stellte Philipp seine Bestrebungen in den Dienst des Vermittlungsgedankens und wollte das Mißtrauen zwischen den Religionsparteien dämpfen, das auch nach dem Augsburger Religionsfrieden weiter schwelte und - als Folge der bald voranschreitenden Gegenreformation - im 30jährigen Krieg noch einmal voll zum Ausbruch kam, ohne jedoch noch wesentliche Änderungen der Konfessionsverhältnisse zu bewirken. Auch Philipps Bemühungen um den innerprotestantischen Ausgleich waren nicht sehr erfolgreich, da sich die

„Hier ruht Landgraf Philippsen . . . anderes eheliches Gemahl"; Grabstein der Margarethe in der Kirche zu Spangenberg von 1566

Fronten zwischen den strengen Lutheranern, der vermittelnden Richtung Melanchthons und den Schweizer Reformatoren immer mehr verhärteten und sich auch in der hessischen Kirche zentrifugale Kräfte entwickelten.

Johann Calvin (1509-1564)

Nach Zwinglis Tod verstärkte sich der Einfluß des Genfer Reformators Calvin. Dieser Johannes Calvin, 1509 in Frankreich geboren, wurde vom Vater zum Priesteramt bestimmt und begann seine humanistischen und juristischen Studien 1523. Er wurde ein scharfsinniger Dialektiker mit Vorliebe für moralische Probleme und neue Theorien über Gesellschaft und Staat. Schon früh kam er mit den lateinischen Schriften Luthers in Berührung, bald auch mit Zwingli. Weil er sich der Reformation angeschlossen hatte, mußte er Frankreich verlassen und ging nach Basel, wo er seine „Institutio" schrieb, eine systematische Zusammenfassung des christlichen Glaubens. Eng angeschlossen an Luthers Katechismen, schuf er doch einen eigenen Typ protestantischer Frömmigkeit. Er lernte in Straßburg Martin Bucer kennen und übernahm von ihm die Vorliebe für eine strenge Kirchenzucht. Nach seiner Teilnahme an verschiedenen Religionsgesprächen in Deutschland folgte er einem Ruf nach Genf, wo er für „das Volk der Erwählten" eine straff organisierte Kirche aufbaute. Bei klarer Trennung zwischen Kirche und Staat benutzte Calvin jedoch die staatliche Gewalt zur Durchsetzung seiner strengen Kirchenzucht. Er wollte ein Gemeinwesen errichten, das sein Leben ausschließlich nach der göttlichen Ordnung gestaltete, also eine Art Gottesstaat. Diese selbständige Kirche stand konsequent unter einer presbyterialen und synodalen Verfassung, die später in viele Kirchen auf dem Kontinent, auch in das Hessenland ausstrahlte.

Philipp ermöglichte eine finanzielle Unterstützung für die französischen Protestanten, die später im Hessenland Aufnahme fanden. Philipp versuchte noch, die liegengebliebenen Ordnungen aus der Zeit vor seiner Gefangenschaft zu verwirklichen, und beauftragte den Theologen Andreas Hyperius, einen Schüler von Bucer, mit einer neuen Agendenordnung, die 1566 erschien. Sie wahrte in ihrer klar begründeten theologischen Haltung den bisherigen vorkonfessionellen Kirchenbegriff der hessischen Reformation und stellte diese Kirche als wahrhaft erneuerte alte Kirche dar, die sich nach der Bibel und der Tradition der Kirchenväter ausgerichtet hat. Mit Philipps Tod 1567 schloß das Zeitalter der Reformation in Hessen ab. Die Einheit der Kirche blieb noch einige Jahrzehnte durch die gesamthessische Generalsynode erhalten, obwohl das Land selber durch Philipps Testament unter seine vier Söhne aufgeteilt worden war.

Eberhard von der Tann (1495-1574), Glasfenster in der Stadtkirche Tann

Daß die Ausbreitung und Verteidigung der evangelischen Lehre nicht nur eine Sache der Theologen war, zeigt beispielhaft das Leben des hessischen Reichsritters Eberhard von der Tann, dessen Familienstammsitz seit dem 13. Jahrhundert der gleichnamige Ort in der Rhön war und es bis heute geblieben ist. Nach einem Studium der Theologie und der Rechte in Wittenberg, wo er zu einem Anhänger und Freund Luthers wurde, entschied er sich für die weltliche Laufbahn und wurde 1528 zunächst Amtmann auf der Wartburg. Auf Befehl des sächsischen Kurfürsten, der ihn zu seinem ständigen Berater machte, begleitete er die Wittenberger Theologen zum Religionsgespräch in Marburg. Von da an vertrat er den Kurfürsten auf allen Reichstagen oder nahm mit diesem an den Religionsverhandlungen teil. Man übertrug dem Diplomaten auch Kirchenvisitationen in Thüringen und später in Franken. In vielen Streitigkeiten zwischen den Fürsten wurde er als Schlichter tätig und mußte auch auf Anordnung von Landgraf Philipp an dessen zweiter Eheschließung mit Margarethe von der Saale teilnehmen. Nach und nach nahm von der Tann als Gesandter von insgesamt sieben Fürsten an den Reichstagen und den Bundesversammlungen des Schmalkaldischen Bundes teil. Der Erzbischof Hermann von Wied zog ihn für seinen Reformationsversuch im Erzstift Köln heran. Später verhandelte von der Tann als Vertreter der Wettiner Herzöge mit dem Kurfürsten Moritz von Sachsen über die Fürstenverschwörung von 1552 gegen den Kaiser, als deren Ergebnis Philipp von Hessen aus der Gefangenschaft entlassen wurde.

Tann saß im Fürstenrat, als in Augsburg 1555 der Religionsfriede verabschiedet wurde. Eine Fülle weiterer Ämter an evangelischen Fürstenhöfen erlaubte Tann erst im hohen Alter die Rückkehr in die Heimatstadt, in der er eine Stadtmauer und eine neue evangelische Kirche baute.

Die letzte Sorge des alten Reichsritters galt den Anfängen der Gegenreformation, die der Abt Balthasar von Dernbach mit Jesuiten von Fulda aus eingeleitet hatte. Unterstützt von der fuldischen Ritterschaft und benachbarten Fürsten, kämpfte er erfolgreich für eine freie Religionsausübung in den ritterschaftlichen Gemeinden, die daraufhin mitten im Stiftsgebiet von Fulda bis heute als evangelische Diasporagemeinden erhalten geblieben sind. Von der Tann starb am 9.4.1574 hochbetagt und wurde in der Tanner Stadtkirche neben der Kanzel beigesetzt.

Grablege der Waldeckschen Grafen in der Klosterkirche Netze (1270-1677)

Hier ist ein Seitenblick auf die kirchliche Entwicklung des Waldecker Landes angebracht, das schon im Mittelalter ein Gebiet harter Auseinandersetzungen zwischen den Bischofssitzen von Mainz, Köln und Paderborn war und dadurch auch in die territorialen Machtkämpfe im hessischen Raum hineingezogen wurde. Zur gleichen Zeit wie im Hessenland hielt auch hier die Reformation ihren Einzug in die Gemeinden und errang ihren ersten Erfolg mit dem Erlaß einer neuen Landesordnung durch Graf

Philipp von Waldeck. Die behutsam eingeführten Neuerungen, bei denen Adam Krafft beratend mitwirkte, begannen 1526 mit der Aufhebung des Klosters Arolsen, während Korbach noch bis 1543 beim alten Kultus blieb. Erst 1556 wurde durch Graf Wolrad II., unterstützt von Pfarrer Johann Hefenträger, für alle Landesteile eine reformatorische Kirchenordnung eingeführt, die sich klar dem lutherischen Bekenntnis zuordnete. Da die Waldecker Grafen am Schmalkaldischen Krieg auf der Seite des evangelischen Bündnisses teilgenommen hatten, bekam auch ihr Land die Folgen der Niederlage zu spüren. Am evangelischen Bekenntnisstand des Landes, das 1741 zum Fürstentum Waldeck-Pyrmont erhoben wurde, änderte sich jedoch nichts mehr.

Gedenktafel an Johann Hefentreger, den Reformator Waldecks, an der Stadtkirche zu Waldeck

Auch die Grafschaft Hanau, die später zu Hessen kam, hatte unter dem Einfluß der Nassau-Dillenburger Grafen zwischen 1530 und 1546 die Reformation in lutherischer Form eingeführt. Erst 1593 wandte sie sich dem Calvinismus zu, ein reformiertes Consistorium wurde eingerichtet und die Hohe Landesschule gegründet. Das mehrfach durch Erbschaften aufgeteilte Land kam 1643 unter Graf Friedrich Kasimir noch einmal in eine Hand. Er führte gegen heftigen Widerstand das lutherische Bekenntnis erneut ein. Dafür sicherte er sich die hessische Hilfe durch einen Erbvertrag, der Hessen-Kassel die Anwartschaft auf das Hanauische Reichslehen einbrachte. 1736 kam dieses neue Gebiet, in dem inzwischen beide protestantischen Bekenntnisse durch eigene Consistorien vertreten waren, zu der niederhessischen Kirche.

Moritz von Hessen (1572-1632)

VI. Zweite Reformation – Moritz der Gelehrte

Jede Epoche der hessischen Kirchengeschichte spiegelte in ihren Agenden bzw. Kirchenordnungen den besonderen Charakter der kirchlichen Gliederung, der Gewaltenteilung und der Lehre wider. Die zuletzt durch die Generalsynode von 1566 gebilligte Kirchenordnung hatte Luthers Katechismus umgearbeitet übernommen, Lehre und Bekenntnis im Anschluß an Melanchthon festgehalten und in den Sakramentsbestimmungen Gedanken des Schweizer Reformators Calvin übernommen. Billigten die vier Söhne Philipps noch 1574 den Entwurf zu einer neuen Agende, so endete doch schon 1583 ihr gemeinsames Kirchenregiment und ließ die hessischen Generalsynoden erlöschen. Die Fürsten, von absolutistischen Ideen beflügelt, begannen, ihre landesherrliche Kirchengewalt immer mehr zu betonen, und drückten die Stellung der Superintendenten in den Rang von Referenten der fürstlichen Kanzlei hinab. Da sich zudem aus mehreren Erbgängen in den vier Landesteilen Hessens (Kassel, Marburg, Rheinfels und Darmstadt) schließlich zwei Staaten entwickelten, die unterschiedlicher Konfession waren (Hessen-Darmstadt lutherisch, Hessen-Kassel reformiert), brach die kirchliche Einheit des Landes endgültig auseinander.

Diese Aufspaltung und Schwächung der evangelischen Kirche bot der katholischen Seite neue Möglichkeiten, das seit 1517 verlorene Terrain zurückzugewinnen. Die Gegenreformation konnte sich auf mächtige Verbündete stützen (Kaiser, König, geistliche Fürsten, katholische Nachbarländer und Päpste). In Fulda begann der Reichsabt Balthasar von Dernbach schon 1552 mit Hilfe der Jesuiten, das fast ganz protestantisch gewordene Reichsstift zu rekatholisieren. Die evangelische Ritterschaft widersetzte sich diesen Bemühungen in wechselvollen Kämpfen. Nur gegen die Zusage freier

Religionsausübung und selbständiger Pfarrerbesetzung in ihren Bezirken konnte der Fürstabt schließlich die Huldigung der Ritter einhandeln. Diese ritterschaftlichen Gemeinden (u. a. Gersfeld, Tann, Hettenhausen) waren noch im 20. Jahrhundert evangelische Einsprengsel in dem sonst vorwiegend katholischen Gebiet um Fulda.

Auch in den kurmainzischen Gebietsteilen (Naumburg, Fritzlar, Neustadt, Amöneburg) begannen die Erzbischöfe, gedeckt durch den Grundsatz von Augsburg „Cuius regio - eius religio", d.h., der Landesherr entscheidet über das Bekenntnis seines Territoriums, die evangelische Lehre zurückzudrängen. In Fritzlar konnte sich die evangelische Gemeinde nur noch in der kleinen Fraumünsterkirche außerhalb der Stadtmauern sammeln, wo sie von Obermöllrich aus betreut wurde. Gegen Ende des Jahrhunderts kam der Kirchenbezirk Schmalkalden mit dem endgültigen Erwerb dieser Herrschaft durch Hessen-Kassel zur Superintendentur Rotenburg und blieb ein selbständiger Kirchenkreis auch in der kurhessischen Kirche. 1597 wurde in Hanau eine wallonische und holländische Gemeinde für protestantische Glaubensflüchtlinge gegründet, die sich bald darauf eine mächtige Doppelkirche in der Stadt errichtete.

Schmalkalden, Stich von Merian (1655)

Inzwischen war in Kassel ein Enkel von Philipp, Moritz von Hessen, an die Regierung gekommen, eine vielseitig interessierte aber widersprüchliche Persönlichkeit, deren hohe musische und wissenschaftliche Begabung weder seiner politischen Befähigung noch seinem Charakter entsprachen. Er betätigte sich als Architekt und Erfinder, Dichter und Komponist, als Förderer von Theater und Kunst. Er entdeckte Heinrich Schütz und gründete eine eigene Hofkapelle sowie das erste feste Theater in Deutschland, das Ottoneum. Zahl-

Wallonisch-Niederländische Doppelkirche in Hanau (1600-1608)

reiche theologische, pansophische und künstlerische Reformideen spiegelten die geistige Weite und Offenheit der beginnenden Barockzeit wider. Moritz schuf das erste Gesangbuch für seine Kirche mit Psalmen und Liedern, die noch heute im evangelischen Gesangbuch zu finden sind. Er selber versah dazu einen reformierten Psalter mit eigenen Melodien und selbstkomponierten Sätzen.

Heinrich Schütz (1585-1672), Hoforganist und Komponist in Kassel um 1615

Moritz, der mit Recht den Beinamen „der Gelehrte" erhielt, berief mit Georg Cruziger und Raphael Egli zwei bedeutende Köpfe nach Marburg, die neben der kirchlichen Neuordnung auch ein umfassendes Kulturprogramm entwickelten. Durch Erbstreitigkeiten mit der lutherischen Darmstädter Linie bedrängt, suchte Moritz eine engere Anlehnung an die Reformierten. Nachdem er in zweiter Ehe 1603 Juliane von Nassau geheiratet hatte, nahm er das reformierte Bekenntnis seiner Frau an und beschloß schwere Eingriffe in das kirchliche Gefüge seines Landes. Er verstand die von ihm 1605 verfügten Verbesserungspunkte als eine „Verbesserung oder Perfektion der Reformation der Väter" und dies auf streng biblischer Grundlage. Von daher hat man mit Recht von einer zweiten Reformation gesprochen, die das Hessenland noch einmal wesentlich verändert hat. Moritz wandte sich, im Sinne einer vertieften, biblisch orientierten Frömmigkeit, gegen eine abergläubische „Vergötzung" der Bilder (wie auch des Taufwassers und der Hostie). Von nun an sollte 1. über die Person Christi in der seit 1573 eingeführten Weise Melanchthons gelehrt werden, sollten 2. nach dem biblischen zweiten Gebot alle Bilder aus den Kirchen entfernt und 3. beim Abendmahl gebrochenes Brot ausgeteilt werden. Der Widerstand, besonders der Lutheraner, in allen Teilen des Landes war so heftig, daß Moritz seine Pläne teilweise nur mit Gewalt durchzuführen vermochte. Während ganze Gemeinden (z.B. Eschwege) jahrelang den Abendmahlsbesuch verweigerten oder ihre kostbaren Kunstschätze heimlich beiseite schafften, wurden widerstrebende Pfarrer abgesetzt und eingesperrt. Aus anderen Kirchen wurden zum Teil Wagenladungen mit Statuen, Schnitzaltären, Bildern und Geräten herausgeschafft, die Taufsteine beseitigt und wertvolle mittelalterliche Wandbilder, die man nicht ablösen konnte, übertüncht (z.B. Zierenberg, Immenhausen, Gottsbüren). Ohne Zweifel wirkte dieser gut gemeinte, aber in der Praxis pietätlose Umgang mit den Werken, die der Glaube der Vorväter geschaffen hatte, auf die Frömmigkeit der betroffenen Gemeinden negativ und führte zusammen mit der Verrohung in den kommenden dreißig Kriegsjahren zu einem starken Rückgang der kirchlichen Bindung unter den Gläubigen.

Je stärker bei Moritz das Reformiertentum zum Ausdruck kam, desto heftiger formierte sich der Widerstand im lutherischen Lager um Marburg, das starken Rückhalt im Darmstädter Landgrafenhaus besaß. Nachdem Moritz in Marburg die lutherischen Professoren abgesetzt hatte, entstand in Gießen eine lutherische Gegenuniversität und stärkte das Luthertum in Oberhessen derart, daß nur die Universität selber reformiert blieb. Moritz kämpfte persönlich für die Durchsetzung des calvinistischen Bekenntnisses im ganzen Land. Er sprach redegewandt zu den verschiedensten Zuhörern, diskutierte stundenlang mit widerstrebenden Pfarrern, beteiligte sich am Flugschriftenkrieg und reiste in wichtige Städte des Landes, um selber am ersten Gottesdienst mit der neuen Abendmahlsordnung teilzunehmen. Er überschätzte aber die Wirkung seiner Person in demselben Maße, wie er den Widerstand der Pfarrer und ihrer Gemeinden unterschätzte. In Marburg z.B. rotteten sich am Tage der Einführung der Verbesserungspunkte schon während der Predigt des Ziegenhainer Superintendenten Valentin Schoner die Bürger zusammen: Das Gerücht war aufgekommen, der Sturm auf die Bilder in den Kirchen stehe unmittelbar bevor.

Auswirkungen des Bildersturmes am Beispiel der gotischen Stadtkirche von Zierenberg

Die Kirchenausmalung nach der Freilegung und Restaurierung im 20. Jahrhundert

Verstümmelte Konsolen (Tiergestalten) im Seitenschiff

Übertünchung der gesamten gotischen Kirchenausmalung (ca. 80 Fresken von 1325-1488)

Abgeschlagenes Weihwasserbecken in der Turmhalle

Zertrümmertes Sakramentshäuschen im Chorraum

Die Prediger wurden zusammengeschlagen und entrannen knapp dem Tode. Andere Anhänger der Verbesserungspunkte unter den Professoren und Dozenten konnten sich nur, unter dem Schutz von Studenten, durch eilige Flucht der rasenden Menge entziehen. Ähnlich erging es Bürgermeister, Ratsherren und Rentmeister.

Als Moritz noch in der Nacht nach Marburg eilte, wurden ihm die Stadttore nicht geöffnet, weil die städtischen Obrigkeiten teilweise zu den lutherischen Pfarrern hielten. Mit der Drohung einer Zwangseinquartierung konnte sich der Landgraf endlich die Stadt gefügig machen und führte persönlich die zuvor mißhandelten Prediger zu einem neu angesetzten Gottesdienst in die Kirchen zurück. Er sprach dann selbst am Schluß, fand aber wenig Gehör. Seine undiplomatische, übereilte Zwangsreformierung löste nicht nur die Neugründung einer lutherischen Universität in Gießen durch das Haus Hessen-Darmstadt aus, sondern führte schließlich zu dessen Anlehnung an den katholischen Kaiser, der zum Schiedsrichter für die innerhessischen Erbstreitigkeiten angerufen wurde.

Obwohl die calvinistische Kirchenverfassung ihren Schwerpunkt im presbyterialen und synodalen Aufbau von der Gemeinde her vorsah, hat Moritz widersinnigerweise genau das Gegenteil für seine Kirche praktiziert: einen absolutistischen Gesetzgebungsstaat mit einem Landesherren, der sich unter Berufung auf seine bischöfliche Stellung ohne Rücksicht auf die bestehende Ordnung eine Kirche nach seinem Verständnis mit Gewalt schuf. Dabei zerbrach er den bisherigen Konsens zwischen den hessischen Fürstenhäusern, isolierte sein Land durch unbedachte Aktionen - wie die zeitweilige Besetzung des lutherischen Waldecks - und brachte genau jene Uneinigkeit in das Land, die er gerade vermeiden wollte. Selbst seine reformierten Verbündeten im Reich distanzierten sich von ihm, so daß er schließlich als einsamer Mann, vollständig gescheitert, endete. Nur durch seinen talentierten und umsichtigen Sohn Wilhelm V. konnte sein zerrüttetes Erbe vor heilloser Unordnung bewahrt bleiben. Nach einer Eingabe der Landstände installierte Moritz ein einheitliches Landeskonsistorium, das ihm als oberbischöflicher Autorität unmittelbar unterstellt und anstelle der früheren Generalsynoden tätig sein sollte, um im ganzen Land die Gleichheit der Lehre und der Zeremonien sicherzustellen. Das Amt der Superintendenten beschränkte er auf rein geistliche Aufgaben. Den Gemeinden verblieb noch ein Rest ihres alten Pfarrerwahlrechtes in Form einer Anhörung vor der Besetzung der Stelle durch einen neuen Pfarrer seitens des Landgrafen.

Der Renthof in Kassel, 1580 als Kanzleibau errichtet, Sitz des Konsistoriums, später Landeskirchenamt, bis 1943

Mehr als für andere deutsche Länder wurde der 30jährige Krieg für Hessen zu einem Religions- und Bruderkrieg, da die Entzweiung zwischen Kassel und Darmstadt die beiden Länder in gegnerische Lager führte, so daß sie sich bald direkt und heftig bekämpften. Beide Fürstenhäuser waren protestantisch, bedienten sich aber zur Erfüllung ihrer machtpolitischen Interessen der Unterstützung auswärtiger Mächte. 1624 mußte Moritz wegen seiner verfehlten Politik abdanken, was die katholische Partei dazu veranlaßte, neue Forderungen (u. a. nach den Klöstern Hofgeismar und Lippoldsberg) zu erheben. Sie argumentierten ebenso wie das Darmstädter Fürstenhaus damit, daß Niederhessen vom Religionsstand zur Zeit des Passauer Friedens abgefallen sei. Die Darmstädter beschuldigten Moritz, er habe sich durch seine Verbesserungspunkte „des Calvinismus schuldig gemacht", und drangen auf eine Wiedereinführung der ungeänderten Augsburger Confession von 1530.

Der noch von Moritz nach Marburg berufene reformierte Theologe Johann Crocius gab dem beim hessischen Kirchenvolk schon lange brennenden Wunsch nach einem innerprotestantischen Lehrausgleich durch seine Schriften zur kirchlichen Einheit neuen Auftrieb. Während man in Darmstadt das Ziel der Reformation in einer von den Bekenntnissen geprägten Konfessionskirche sah, führten die Gedanken der hessischen „Ireniker“ (Friedensstreiter) zu einem gesamtprotestantischen Verständnis des Begriffes „evangelisch“. Crocius sah eine Möglichkeit zum kirchlichen Frieden nur in einer Rückkehr zum Geist des Marburger Religionsgespräches von 1529. Er hoffte auf eine gesamtprotestantische Union mit dem Ziel einer Koalitionskirche aus Reformierten und Lutheranern, ein Wunsch, der erst Jahrhunderte später in Erfüllung gehen sollte. Darmstadt lehnte die Friedensbemühungen Landgraf Wilhelms V. ab, zu dessen Gunsten Moritz abgedankt hatte. Wilhelm bemühte sich um die lutherische Universität in Rinteln, die mit Teilen der Grafschaft Schaumburg-Lippe 1647 an Hessen gefallen war, und organisierte sie neu.

Mit einem Separatvertrag am Ende des 30jährigen Krieges regelten die beiden hessischen Fürstenhäuser auch die Konfessionsverhältnisse im Marburger Raum. Gleichzeitig kam durch den Westfälischen Frieden das säkularisierte Gebiet der Abtei Hersfeld zu Hessen-Kassel. Auch der Nachfolger Wilhelms V., Wilhelm VI., bemühte sich um einen Ausgleich und berief ein Kasseler Friedensgespräch 1661 ein. Der Abschlußbericht stellte brüderlichen Frieden, Einigkeit und gegenseitige Duldung fest und brachte die Anerkennung der anderen Partei „als wahre Gliedmaße der Kirche und Mitgenossen des wahren seligmachenden Glaubens“. Diese irenischen Gedanken prägen von da an das Selbstverständnis der niederhessischen Landeskirche bis zur Gegenwart.

Als Wilhelm VI. gegen erhebliche Einsprüche der Pfarrerschaft eine neue Agende und Kirchenordnung mit vermittelnder Tendenz einführen ließ, zeigte sich das Interesse des Staates, als dessen religiöse Seite die Kirche angesprochen wurde, an einer Ordnung, die von beiden protestantischen Konfessionen angenommen werden konnte. Der Schwerpunkt lag im Consistorium, das mit der Kassler Regierung eng verbunden wurde und alle früheren Befugnisse der Superintendenten und Generalsynoden wahrnahm. Die Errichtung besonderer Consistorien in Marburg und Rinteln degradierte das ursprüngliche Landeskonsistorium zu einer Provinzialbehörde für Nordhessen. Synoden wurden nicht mehr einberufen. In den nächsten 250 Jahren wurde an dieser Ordnung nichts Grundsätzliches mehr geändert.

Wegen der geplanten Kanalverbindung von Kassel zur Weser ließ Landgraf Carl Stadt und Hafen Karlshafen an die Diemelmündung legen und vorwiegend mit Hugenotten und Waldensern besiedeln (1699).
Der hugenottische Baumeister Paul du Ry schuf, mit dem Hafenbecken in der Mitte, eine noch heute gut erhaltene, regelmäßige Stadtanlage der Barockzeit.
Von Paul du Ry stammt auch der Plan des Kasseler Stadtteils Oberneustadt, den Carl für die französische Gemeinde, mit der Karlskirche im Zentrum, bauen ließ.

VII. Hugenotten und Waldenser – Landgraf Carl

In der Geschichte der Kirche haben nicht nur hervorragende Einzelpersönlichkeiten wie Bonifatius, Elisabeth oder Philipp eine prägende Rolle gespielt, sondern auch christliche Gruppierungen und Vereinigungen wie etwa die Mönchs- und Ritterorden im Mittelalter oder die Pietisten in neuerer Zeit und die Mitglieder der Bekennenden Kirche im Dritten Reich. Sie sind nicht nur mutig für die Sache Christi in der Welt eingetreten, sondern haben auch für ihren Glauben Nachteile, Verleumdungen und Verfolgungen auf sich nehmen müssen. Zu einer solchen Gruppe müssen die protestantischen Glaubensflüchtlinge aus Frankreich gezählt werden, die nach Hessen kamen und das kirchliche Leben stärker geprägt haben, als es von ihrer Zahl her zu erwarten gewesen wäre.

Carl von Hessen (1754-1830), gemalt von H. C. Jobst

Die reformatorische Bewegung war über Straßburg (Martin Bucer) und Genf (Johannes Calvin) auch in die westeuropäischen Länder eingedrungen. Besonders durch die in Genf studierenden Engländer und Franzosen wurde die Lehre Calvins über die Landesgrenzen hinaus verbreitet. Trotz erster Verfolgungen bekannten sich mehr als ein Sechstel der Franzosen zu den Gedanken Luthers und Calvins. Sie organisierten eine Kirche mit mehr als 50 Gemeinden. Ihr Name „Hugenotten“ geht zurück auf eine ältere Münzbezeichnung „Hugenots“ für Geldstücke von geringerem Wert und erinnert an die verachtete Zunft der Münzer, „Hausgenossen“ genannt.

Unter den kämpferischen Ideen Calvins (Widerstandsrecht) versuchten die französischen Protestanten, in zehn Waffengängen gegen ihre Unterdrücker zu kämpfen, teilweise mit Verbündeten im Königshaus, im hohen Adel und Militär. Als aber Ludwig der XIV. die konfessionelle Einheit Frankreichs wiederherstellte und den Hugenotten die letzten Rechte im Staat nahm, wanderten über 200.000 trotz des angedrohten Einzugs ihrer Güter aus. 4.500 von ihnen folgten in vier Wellen ab 1685 einer ausdrücklichen Einladung des Landgrafen Carl von Hessen. Er war ein Urenkel von Moritz dem Gelehrten und übernahm 1677 die Regierung von seiner Mutter, der resoluten Schwester des Großen Kurfürsten von Brandenburg. Diese sorgte für eine sorgfältige Erziehung ihrer Kinder und suchte Lehrer für sie aus, die „dem streng reformierten Bekenntnis zugetan" waren. Carls Brüder und Söhne besuchten die Akademie im Genf Calvins. Er selber bekannte sich nach seiner Unterweisung im reformierten Heidelberger Katechismus in einem von ihm verfaßten Morgengebet ausdrücklich zur Praedestinationslehre (die Lehre von der Vorherbestimmung zur ewigen Seligkeit oder Verdammnis durch göttlichen Ratschluß), die für Calvins Lehre eine zentrale Bedeutung hatte. In seinem Testament verpflichtete Carl später „vier bewährte Reichsfürsten reformierter Tradition" zur Beibehaltung der „seligmachenden wahren reformierten Religion, ohne alle Trennung und Veränderung" in seinen Landen. Das hatte u. a. zur Folge, daß den Lutheranern in der Residenzstadt Kassel ein öffentlicher Gottesdienst und ein eigener Kirchenbau lange Zeit untersagt blieb.

Die Oberneustadt in Kassel mit der Karlskirche

Wegweiser zur Hugenottengemeinde Gethsemane, Kreis Hersfeld

Ob Carl geahnt hat, daß er sich mit der Aufnahme seiner Glaubensverwandten eine auf vielen Gebieten besonders befähigte Gruppe von Neubürgern (Handwerker, Kauf- und Handelsleute, Architekten, Künstler, Wissenschaftler und Militärs) ins Land geholt hatte, sei dahingestellt. Jedenfalls lud er mit seiner „Freiheitskonzession und Begnadigung" von 1685 alle diejenigen ein, welche sich im Fürstentum Hessen niederlassen wollten und der reformierten Religion angehörten. Er bewilligte ihnen Wohnungen in bestimmten Städten und den Neubau oder Kauf von Häusern an besonderen Orten. Neben wirtschaftlichen Rechten nebst zehnjähriger Zoll- und Steuerfreiheit wurden ihnen der Bau eigener Kirchen und die Anstellung französischer Prediger und Schulmeister (nach einer Zulassung durch das Consistorium) zugestanden. Zum Transport der erwarteten Réfugiés wurde eine Landeskollekte ausgeschrieben, die 3.900 Taler erbrachte und durch Zuschüsse fast verdreifacht wurde. Der Flüchtlingsstrom schwoll von 1685 bis 1687 so stark an, daß Carl den hugenottischen Baumeister Paul du Ry mit der Anlage eines besonderen Stadtteils am Westrand von Kassel beauftragte. Schon 1688 hielten die vorwiegend aus Nordfrankreich, aber auch aus südlichen Provinzen über die Schweiz und Frankfurt eingereisten Hugenotten ihren ersten Gottesdienst in französischer Sprache in der Oberneustadt, deren geistliches Zentrum dann die Karlskirche wurde (erbaut 1698 - 1706). Eine erhalten gebliebene Inschrift am evangelischen Gemeindehaus in der Oberneustadt erinnert noch an das ehemalige französische Hospital.

Gedenkmedaille zur Grundsteinlegung der Karlskirche in Kassel (1698)

Weitere Flüchtlinge aus Savoyen und der Dauphiné wurden vorwiegend in der Gegend von Marburg (Frauenberg, Schwabendorf, Hertingshausen und Wolfskaute) angesiedelt. Andere wohnten zunächst in Immenhausen, Grebenstein und Hofgeismar und gründeten dann die Orte Carlsdorf, Schöneberg, Kelze und Mariendorf. Nach einer dritten Gruppe, die im Amt Frankenberg (Louisendorf) unterkamen, kam eine Schar von 1.000 Leuten mit ihren Predigern, die alsbald in Karlshafen, Frankenhain,

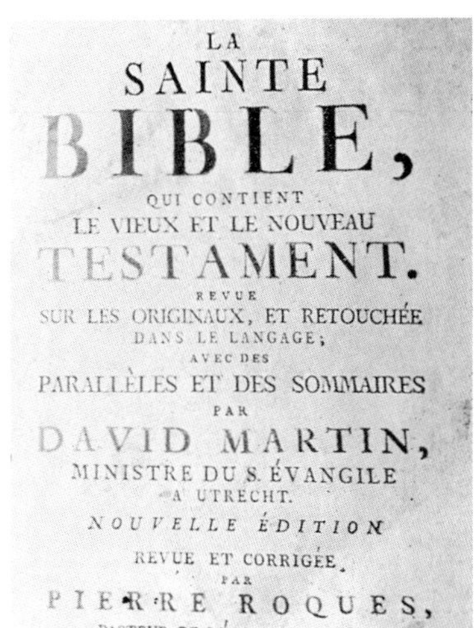

LA
SAINTE
BIBLE,
QUI CONTIENT
LE VIEUX ET LE NOUVEAU
TESTAMENT.
REVUE
SUR LES ORIGINAUX, ET RETOUCHÉE
DANS LE LANGAGE;
AVEC DES
PARALLÈLES ET DES SOMMAIRES
PAR
DAVID MARTIN,
MINISTRE DU S. ÉVANGILE
A UTRECHT.
NOUVELLE ÉDITION
REVUE ET CORRIGÉE,
PAR
PIERRE ROQUES,
PASTEUR DE L'ÉGLISE FRANÇOISE

Französische Bibel aus der Hugenottengemeinde Frankenhain

Leckringhausen, Gethsemane und St. Ottilien zu bauen begann. Zuletzt kamen 64 Familien um 1720 nach Hessen und siedelten sich in Todenhausen, Wiesenfeld, Gewissensruh und Gottstreu an. In vielen dieser Gemeinden wurde noch bis etwa 1850 unter Verwendung französischer Bibeln und Gesangbücher regelmäßig französisch gepredigt.

Die Mayence in der Hugenottengemeinde Kelze, ein Maiumzug mit südfranzösischem Brauchtum

1699 nahmen die Grafen von Isenburg-Büdingen eine Gruppe der aus Savoyen vertriebenen Waldenser auf. Es waren die Nachfahren einer mittelalterlichen Laienpredigerbewegung, die im 12. Jahrhundert von einem Kaufmann Petrus Waldes in Lyon gegründet wurde und sich bis Norditalien ausbreitete. Später verboten und als Ketzer verfolgt, konnten sich die Waldenser in den Alpentälern ansiedeln und bis heute halten. Sie schlossen sich mehrheitlich der Reformation nach Calvins Vorbild an und wanderten zum Teil unter Druck aus, während sich starke Gruppen im Lande hielten und noch heute ein lebendige evangelische Kirche bilden.

Die in Hessen aufgenommenen Flüchtlinge gründeten die Gemeinde Waldensberg im Kreis Gelnhausen. Ihnen wurde das Recht weitgehender Selbstverwaltung auch im kirchlichen Bereich einschließlich der Pfarrerwahl zugesprochen. Ihre Umgangssprache war provenzialisch, die Schriftsprache französisch; bei dieser Sprache blieben die Waldenser bis 1813 in der Schule und bis 1815 in der Predigt. Sie erbauten sich ihre Häuser in einem einfachen Holzstil. Nach den Zerstörungen 1945 sind nur noch ein altes Haus und die schlichte Kirche übriggeblieben. In den Jahren nach 1950 haben die Waldensberger wieder Kontakte zu ihren Vorfahren in Italien geknüpft, alte Familienverbindungen wiederhergestellt und sogar Trachten aus den italienischen Gemeinden übernommen.

Waldenserhaus in Waldensberg mit Mädchen in der historischen Waldensertracht

Sicher geht es auch auf den Einfluß der Hugenotten zurück,

daß die seit Moritz ohnehin schon calvinistisch geprägten reformierten Gemeinden in Niederhessen sich auch äußerlich diesen Traditionen anpaßten, ihre Kirchen immer schmuckloser und nüchterner ausstatteten, auf Altarkreuze und Kerzen, auf Blumenschmuck und farbige Antependien verzichteten und auch ihre Liturgie immer mehr vereinfachten. Ergänzt wurde die kirchliche Neuordnung dieser Zeit durch eine Reformations-, eine Consistorial-, eine Ältesten- und eine Schulordnung. Die letztere bewirkte eine Wiederbelebung der schon im 16. Jahrhundert blühenden Stadt- und Lateinschulen von Marburg, Wetter, Frankenberg, Kassel, Hersfeld, Eschwege und Homberg, die alle im Dreißigjährigen Krieg schwer gelitten hatten.

Kirche mit Schulhaus in der Hugenottengemeinde St. Ottilien (1725), Kirchenkreis Kaufungen

Trotz der ausgeprägten reformierten Praxis in Niederhessen muß man festhalten, daß Carl mit einer gewissen Toleranz die aufkommenden pietistischen Strömungen im Lande duldete, wenn er sich auch an den damaligen Unionsbestrebungen der christlichen Kirchen nicht beteiligen mochte. Obwohl die konfessionellen Probleme die hessische Kirche noch bis in das 20. Jahrhundert hinein beschäftigt haben, traten jetzt - nach einer Zeit dogmatischer Verhärtungen und konfessioneller Engstirnigkeit - plötzlich wieder Frömmigkeitstendenzen in den Vordergrund, die an den missionarischen Eifer des Bonifatius und den diakonischen Dienst der Elisabeth anknüpften.

Die Statue „Geborgenheit" von Gerda Ehringhaus (1957) im Hessischen Diakoniezentrum Hephata symbolisiert die allumfassende Liebe in Gestalt einer Mutter, die mit ihrem Gewand ihre Lieben umschließt: Sinnbild für die diakonische Liebesarbeit, die sich im Bereich der Landeskirche von Kurhessen-Waldeck in 452 Einrichtungen mit über 7000 Mitarbeiterinnen und Mitarbeiter um Menschen in den unterschiedlichsten Notlagen kümmert.

VIII. Neuer Eifer in Mission und Diakonie – Pietisten

In der nachreformatorischen Zeit wurden die Predigten mehr durch Auseinandersetzungen über theologische Streitfragen bestimmt als durch das Evangelium. Die danach einsetzende Epoche der Aufklärung leitete auch in der Kirche einen bis in die Gegenwart fortdauernden Umwandlungsprozeß ein, in dem Theologie, Kirche und Frömmigkeit aus altväterlich-orthodoxen Bindungen gelöst und dafür das Menschlich-Vernünftige und eine auf wissenschaftliche Erkenntnis gegründete Wahrheit zu bestimmenden Maßstäben gesetzt wurden. Das förderte einerseits die Toleranz Andersdenkenden gegenüber, aber auch Gleichgültigkeit und Zweifel an der eigenen Religion. Wiederum trat in den Predigten und Gottesdiensten das Evangelium vom Heil in Christus zurück gegenüber allgemeinen, vernünftigen Weisheiten und moralischen Belehrungen. Alle Kirchen wurden mehr oder weniger in diesen Sog einer zunehmenden Verweltlichung hineingezogen und verloren ihren Auftrag aus den Augen.

Johann Heinrich Jung-Stilling (1740-1817), Professor in Marburg, führender Schriftsteller der Erweckungsbewegung

In dieser dürren und für den Glauben unergiebigen Zeit erfuhren die Gemeinden neue Frömmigkeitsanstöße durch die pietistische Bewegung, die in Hessen von Philipp Jakob Spener ausging (1666-86 Senior der lutherischen Pfarrer in Frankfurt). An die Stelle erstarrter kirchlicher Formen trat die Liebesgemeinschaft der ernsthaft gläubigen Christen, die ihr religiöses Persönlichkeitsideal durch Glauben, Frömmigkeit, Gehorsam und Tugendstreben zu verwirklichen suchten. Die Bezeichnung „Pietist" war zunächst als Spottname (Frömmler, Heuchler) gedacht, wurde dann aber bald zum Kennzeichen lebendiger Christen und Gemeinschaften. Zunächst in kleineren Hauskreisen praktiziert, breitete sich die Bewegung in ganz Europa aus und setzte sich gegen die Aufklärung in der Kirche - und zum Teil auch neben der Kirche - durch. Im Hessenland bildeten sich schnell pietistische Zentren, allen voran in Hersfeld um den reformierten Theologen Konrad Mel. Dieser in Gudensberg geborene Pfarrerssohn nahm nach seinem Theologiestudium in Rinteln und Groningen die Berufung des Landgrafen zum geistlichen Inspektor im Fürstentum Hersfeld, das 1648 endgültig mit Hessen vereinigt worden war, und zum Direktor seines alten Gymnasiums an. Konrad Mel gründete nach dem Vorbild August Hermann Frankes (Halle) das Hersfelder Waisenhaus und wollte beide Anstalten zu einem Zentrum missionarischer Ausbildung machen. Der pietistische Professor Hottinger gründete bald darauf das Marburger reformierte Waisenhaus.

Konrad Mel (1666-1733)

Aus Kirchhain ließ der reformierte Pfarrer Heinrich Horche viele, zum Teil umfangreiche Schriften ausgehen, die sämtlich pietistischen Geist atmeten und wohl besonders durch Christoph Mel (Sohn Konrads und damals Pfarrer in Kirchhain) angeregt wurden. Dieser Horche, der ein bewegtes Leben in Schwärmerkreisen und auch im Gefängnis hinter sich hatte, erließ einen flammenden Aufruf „zur wahren Bruderliebe unter den rechtschaffenen Gläubigen in den sogenannten lutherischen und reformierten Gemeinden ungeachtet aller Streitfragen“. Im selben Jahr erschien seine „Mystische und prophetische Bibel“, kurz Marburger Bibel genannt.

Auch im benachbarten Fürstentum Waldeck griff der Pietismus um sich. In Flechtdorf wurde ein eigenes Predigerseminar pietistischer Ausrichtung gegründet, das aber wieder einging, als alle Pietisten und ähnliche „Sektierer" - wie es amtlich hieß - aus dem Lande verwiesen wurden. Obwohl die Frömmigkeitsbewegung vorwiegend die persönliche Glaubenshaltung des einzelnen Christen ansprach und auf eine echte Bekehrung drängte, erwachte doch in ihrer Mitte langsam auch das Interesse an einer Veränderung der kirchlichen Strukturen. Immer neue Aktivitäten auf den Gebieten der Mission und Diakonie (damals Innere Mission genannt) gingen von diesen lebendigen Christen aus, die sich in ihrem Eifer für die Heidenmission und für die Einrichtung aller Arten von diakonischen Anstalten auch dann nicht abschrecken ließen, wenn die Kirche selber nicht mitmachen wollte. Die meisten der nachstehend aufgezählten Werke und Anstalten sind daher auf Vereinsbasis gegründet und erst später von der offiziellen Kirche anerkannt und ihr angegliedert worden.

Johannes Emde (1764-1859) Bronzeabguß einer Holzfigur aus Java

Ein Musterbeispiel für diese häufig von Laien ausgehenden Aktivitäten ist der abenteuerliche Lebenslauf des Waldecker Johannes Emde, der 1774 in Schmillinghausen geboren wurde und durch einen pietistischen Lehrer in Luthers Katechismus unterwiesen wurde. Sein Lebensweg führte ihn auf verschlungenen Wegen als Seemann und Uhrmacher nach Java, wo er bald eine Eingeborene heiratete und mit ihrer sprachlichen Unterstützung Gebetskreise in seinem Haus sammelte. Die ortsansässigen holländischen Prediger betreuten ausschließlich die dortigen Europäer und machten Emde große Schwierigkeiten, weil sie ein Eindringen farbiger Christen in ihre Gemeinden fürchteten.

Als jedoch Johannes Emde 1859 im hohen Alter starb, umfaßte die von ihm mitbegründete Kirche schon über 1500

Mitglieder und zählt heute mit 140.000 Christen zu den lebendigsten jungen Kirchen in Asien. Emde, der von den Christen in Java als Kirchenvater hochverehrt wird, hat niemals eine missionarische Ausbildung erhalten. Allein mit der Kraft seines Glaubens und mit seinem Gebet hat er dem Wort des Evangeliums Gehör verschafft und Seelen für Christus gewonnen.

Grabstein in Surabaya: „Hier ruht J. E. Geboren in Schmillinghausen. Gestorben am 20. April 1859. Ein Freund Gottes. Sein Wort war ihm eine Leuchte für seine Füße und ein Licht auf seinem Weg."

Durch Berichte aus den Missionsgebieten in aller Welt angeregt, bildeten sich in vielen Gemeinden Missionskreise, die die ausgesandten Boten des Evangeliums mit Gebeten und Spendensammlungen unterstützten. Bis weit in das 19. Jahrhundert hinein reichten die Initiativen des neu erwachten Glaubenseifers. In Kurhessen wurde landesweit 1823 der „Evangelische Missionsverein" gegründet, der auf der Basis des Unionsgedankens arbeitete und die früheren Ansätze Konrad Mels wieder aufnahm. Aber neben der beachtlichen Förderung der Äußeren Mission durch Geldspenden und Aussendung von Missionaren kämpfte der Verein im Geiste der pietistischen Erweckungsbewegung gegen den Rationalismus der offiziellen Kirche und entwickelte sich unter dem Vorsitzenden Bickell zu einem Zentrum kirchenpolitischer Opposition gegen die freiheitlichen Gedanken der kommenden Revolutionsjahre. In ähnlicher Richtung arbeitete der umstrittene Innenminister Hans-Daniel Hassenpflug, der u. a. nach preußischem Muster den schwarzen Talar als Amtstracht für die Pfarrer einführte. Ein heftiger Streit entstand 1839, als Bickell die Verpflichtung der Pfarrer auf die alten Bekenntnisse forderte, während die sogenannten „Lichtfreunde" alle gemeinsamen Bekenntnisse abschaffen und alles der Regelung durch die einzelnen Gemeinden überlassen wollten.

Hier muß noch auf die Unionsbestrebungen der damaligen Zeit eingegangen werden. Der berichtete Anschluß der

Grafschaft Hanau an Hessen-Kassel 1736 brachte zu dem niederhessischen Kirchengebiet einen neuen Bezirk, in dem die beiden protestantischen Bekenntnisse durch eigene Consistorien vertreten waren. Das enge Zusammenleben in denselben Dörfern und Städten (vielfach lutherische und reformierte Kirchen und Schulen gleichzeitig an einem Ort) hatte dort schon sehr viel früher als in anderen evangelischen Gebieten nach anfänglichen Streitigkeiten die gegenseitige Toleranz und den Gedanken der protestantischen Union sehr gefördert. Die gemeinsame Feier des Reformationsfestes 1817 und die Neubelebung der Frömmigkeit durch den Pietismus führte in Hanau zu einer Union, die schon einen Vorläufer im benachbarten Herzogtum Nassau und im Großherzogtum Hessen (Darmstadt) hatte. Eine Synode legte das lutherische und das reformierte Consistorium zusammen und nannte die neu gebildete Unionskirche „evangelisch-christlich". Da man eine Kirchen- und keine Lehrunion anstrebte, verzichtete man in den Artikeln auf die Formulierung eines Bekenntnisses. Eine gemeinsame Agende für die Hanauer Union kam zwar erst 1896 zustande; aber anstatt sich um den gültigen Katechismus zu streiten, beschloß man schon 1852 den Zusammendruck des Heidelberger Katechismus und des Kleinen Katechismus von Luther in einem Buch. (Die Spötter sprachen deshalb von einer „Buchbinder-Union".) 1821 folgte den Hanauern das Fürstentum Waldeck und ein Jahr später die Marburger Universität, die nun auch lutherische Professoren aufnahm und nicht mehr vom „reformierten", sondern vom „evangelischen Konsensus" der Kirche sprach. Auch das Kasseler Consistorium erwog Pläne für eine Union in Lehre und Kultus. Das Reformationsjubiläum brachte auch die Gründung einer

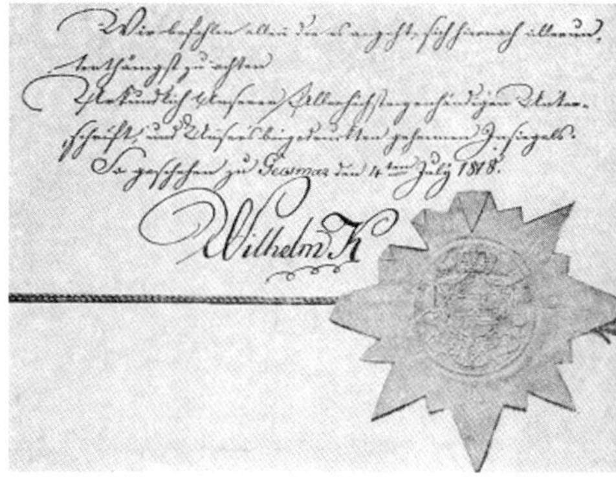

Landgraf Wilhelm IX. (Kurfürst Wilhelm I.) unterschreibt die Urkunde der Hanauer Union

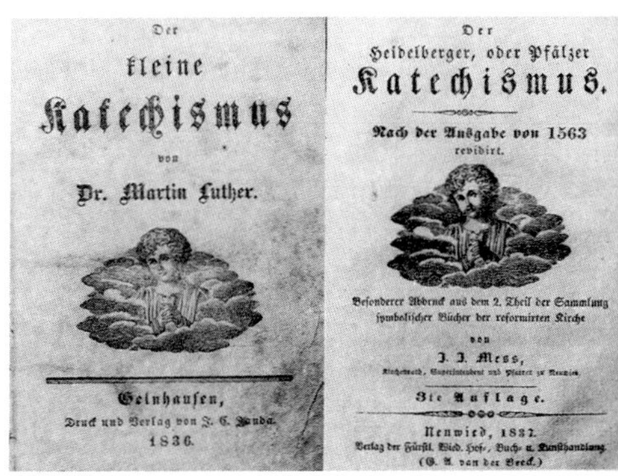

Die Teile des Hanauer Katechismus (1836)

„Kurhessischen Bibelgesellschaft“ mit sich, die schon in den ersten Jahren 14.500 Bibeln kostenlos verbreitete.
Zwischen 1820 und 1825 erlebten die Gemeinden der unteren Werragegend eine Erweckung, die von Leuten der Herrenhuter Brüdergemeinde ausging (u. a. Waldkappel, Reichensachsen, Altenburschla und Niederdünzebach). Auch in der Umgebung von Homberg regte sich wieder eine pietistische Bewegung, die zum Teil mit ekstatischen Ausbrüchen verbunden war. Die pietistischen Kreise waren oft äußerst kirchenkritisch eingestellt und hielten ihre Versammlungen neben, gelegentlich auch außerhalb der organisierten Kirche ab. Neben den heute noch innerhalb der Landeskirche arbeitenden und in den Ortsgemeinden mitarbeitenden „Landeskirchlichen Gemeinschaften“ bildeten sich auch sogenannte Freie Gemeinden und andere Gruppierungen, die sich praktisch von der Landeskirche abspalteten.
Hier müssen aber neben den geschilderten missionarischen Impulsen des Pietismus auch die unzähligen Aktivitäten und Gründungen genannt werden, die in die evangelische Kirche insgesamt einen neuen Geist der Nächstenliebe und des sozialen Engagements gebracht haben. Sicher hatten schon die reformatorischen Ordnungen immer wieder auf die Einrichtung von Alten- und Siechenhäusern, Spitälern und Anstalten für geistig Behinderte gedrängt. In den Gemeinden sollten Armenpfleger eingesetzt und eigene Armenkassen eingerichtet werden. Durch die fast vollständige Gleichsetzung der kirchlichen und der weltlichen Gemeinde wurden die Dinge vor Ort in unterschiedlichen Organisationsformen gestaltet. Teilweise verkümmerten diese Ansätze, teilweise wurden die Einrichtungen und Kassen gemeinsam verwaltet, hier und da auch gänzlich von den politischen Gemeinden wahrgenommen.
Es ist nicht erstaunlich, daß in dem neuen Frömmigkeitsaufschwung des Pietismus auch wieder viel mehr daran ge-

dacht wurde, welchen diakonischen Auftrag die christlichen Gemeinden selber wahrzunehmen haben. Kreise und später Vereine riefen bis zum Ende des 19. Jahrhunderts eine Fülle von Einrichtungen und Anstalten ins Leben, oft kritisch beurteilt von der neulutherischen Orthodoxie und einer restaurativen Reaktion, die sich in vielen deutschen Staaten breitmachte. Pietistische Gruppen und liberale Kreise griffen die Denkschrift von Heinrich Wichern (von 1849) zu einer Missionierung des eigenen Volkes auf und gründeten die ersten diakonischen Einrichtungen. Schon zwischen 1834 und 1842 wurden Kleinkinderschulen - Bewahranstalten genannt - in Hanau, Kassel, Marburg, Rengshausen, Homberg und Willingen eingerichtet. 1846 wurde das Kinderhospital „Zum Kind von Brabant" in Kassel vom Frauenverein für Krankenpflege gegründet. Auch das Rettungshaus für verwahrloste Jugendliche in Rengshausen, das „Beiserhaus" unter Pfarrer Emil Rausch, entstand schon vor Wicherns Aufruf, der erste Versuche zur Gründung eines Landesvereines der Inneren Mission auslöste. 1864 entstand das Hessische Diakonissenhaus in Treysa (mit Pfarrer Franz von Roques an der Spitze), das 1883 nach Wehlheiden bei Kassel übersiedelte und Platz machte für die Geistesschwachenanstalt Treysa, die heute als „Diakoniezentrum Hephata" die größte Einrichtung dieser Art im Hessenland ist.

„Im Geiste der Elisabeth", Mosaik im Diakonissenmutterhaus Kassel (1966)

Aus einem „Evangelischen Verein für Innere Mission", der 1886 in Kassel entstand, entwickelte sich bald ein Landesverein (1891), in dem sich nach und nach alle diakonischen Unternehmungen bündelten. Nach der Kinderheilanstalt (Spessartsanatorium) in Bad Orb (1884) entstand das Hessische Siechenhaus in Hofgeismar (heute Evangelische Alten-

hilfe Gesundbrunnen) 1883, das evangelische Fröbelseminar in Kassel 1896, das Bathildisheim in Arolsen 1908, das Katharina-Wittenburg-Haus in Kassel 1911 und das Frauenheim Elisabethenhof in Marburg 1912, um nur einige Einrichtungen zu nennen, die die Vielseitigkeit der christlichen Arbeit in dieser Zeit zeigen. Zwischen 1844 und 1914 wurden 24 Heime, Anstalten und Ausbildungsstätten, weitgehend in Vereinsform mit einer freien Trägerschaft ohne allzu großes Engagement der damaligen Staatskirche gegründet. Dieses starke Bemühen der Christen um die Armen und Notleidenden hinter der glanzvollen Fassade des Kaiserreiches war ein wesentlicher Beitrag zur Verbesserung der sozialen Verhältnisse, der sich neben einem ähnlichen Kampf der damaligen Arbeiterschaft und der Gewerkschaften durchaus sehen lassen konnte.
In diesen hier geschilderten Zeitraum fällt auch das Ende der Gegenreformation mit dem Wiederaufstieg der Reichsabtei Fulda, die sich nach den Verwüstungen des 30jährigen Krieges zu einer stattlichen Barockresidenz und - wenn auch nur für kurze Zeit - zu einer Universitätsstadt entwickelte. Der riesige romanische Dom wurde abgerissen und durch den eleganten Barockbau von L. Dientzenhofer ersetzt. Die Reichsabtei wurde - gegen den Widerstand von Mainz und Würzburg - zum Bistum erhoben (1732).
Ein schwerer Schlag für den streng reformierten Landgrafen Wilhelm VIII. war der Übertritt seines Sohnes Friedrich II. zum Katholizismus. Er rang dem Erbprinzen 1754 die sogenannte „Assekuranzakte“ ab, durch die Friedrich im Falle seines Regierungsantrittes garantieren mußte, als Staatsdiener nur Protestanten einzustellen und alle Entscheidungen in kirchlichen Angelegenheiten dem Geheimen Ministerrat und Consistorium zu überlassen. Diese Lage zeigt deutlich die Schwierigkeit der bisherigen staatskirchlichen Konstruktion im Fall eines anders- oder ungläubigen Herrschers. Die Garantie dieser Akte durch die protestantischen

Mächte des Kontinents zerstörte die letzte Hoffnung der katholischen Partei auf eine Rekatholisierung Hessens unter Friedrich II., dessen Sarg später in der von ihm als erste katholischen Kirche in Kassel erbauten Elisabethkirche (am Rande des nach ihm benannten Friedrichsplatzes) beigesetzt wurde.

Immerhin wurden in diesen Jahren auch halboffizielle Verhandlungen wegen einer Union mit der römischen Kirche geführt, an der die von der Aufklärung geprägten Theologen Seip (lutherischer Superintendent), Duysing (reformierter Professor) und ein Dr. theol. von Piderit teilnahmen. Der Versuch blieb erwartungsgemäß ergebnislos.

Schweren Schaden brachte der das Hessenland heftig heimsuchende Siebenjährige Krieg, als die großartige Hersfelder Stiftskirche, die kirchlich nicht mehr genutzt wurde und dem Militär als Versorgungsdepot diente, von den abziehenden Franzosen abgebrannt wurde. Selbst die Ruine ist noch ein eindrucksvolles Baudenkmal und dient heute zeitweise als Bühnenraum für die jährlich stattfindenden Hersfelder Festspiele.

Der Westfälische Frieden von 1648 brachte die Umwandlung des Stiftsgebietes von Hersfeld in ein Fürstentum, mit dem 1651 Hessen-Kassel belehnt wurde. Damit kamen erstmals 1.500 katholische Einwohner in das bis dahin vorwiegend evangelische Land. Durch den Reichsdeputationshauptschluß von 1803 wurde auch das Stiftsgebiet von Fulda säkularisiert und kam nach wechselnden Zugehörigkeiten am Ende der Napoleonzeit mit weiteren 95.000 Katholiken an das Haus Hessen-Kassel. Seit dieser Zeit ist eine Unterscheidung zwischen evangelischen und katholischen Staaten hinfällig geworden: Die kirchlichen Bekenntnisse hörten auf, staatliche Urkunden zu sein.

Jérome Bonaparte, den Napoleon als Regenten in dem neu gegründeten Königreich Westphalen einsetzte, löste die noch zu Hessen gehörende lutherische Universität Rinteln

auf, die 1620 mit kaiserlichem Privileg eröffnet worden war. Er bemühte sich um die Errichtung eines eigenen katholischen Bistums mit dem Sitz des Domkapitels an der Martinskirche in Kassel. Sein Bruder lehnte aber die beabsichtigte Verlegung des Paderborner Bischofssitzes nach Kassel ab. Darauf zog Jérome den Weihbischof Frhr. von Wendt aus Hildesheim als Hausprälaten an seinen Hof. 1810 ließ er den kostbaren Sarkophag der Elisabeth nach Kassel holen und nach einigen Wirren für zwei Jahre in der katholischen Stadtkirche aufstellen (wahrscheinlich ohne zu wissen, daß der Sarg seit langer Zeit leer war). Dieser erlitt starke Beschädigungen und verlor u. a. 100 Edelsteine seiner reichen Verzierung, bevor er nach Marburg zurückkehrte.
In dieser Zeit wurden die Consistorien von der Regierung getrennt und auf die rein geistlichen Angelegenheiten beschränkt. Alle Konfessionen wurden einander gleichgestellt. Zwar beließ man den Pfarrern noch die Führung der Zivilstandsregister und die bürgerliche Eheschließung; aber eine gewisse Trennung von Staat und Kirche bahnte sich an, die jedoch mit der Rückkehr des absolutistisch denkenden Kurfürsten Wilhelm I. (als Landgraf Wilhelm IX. hatte er sich noch den neuen Titel geben lassen, obwohl dieser mit der Auflösung des Reiches seinen ursprünglichen Sinn verloren hatte) zurückgenommen wurde. Während dieser Selbstherrscher jede Änderung als staatsgefährdend und zu unterdrücken ansah, brachen sowohl im politischen wie im kirchlichen Bereich starke Freiheitsbestrebungen auf. Sie führten zu einem erbitterten Ringen um die Befreiung der Kirchenleitung von der staatlichen Bevormundung und Beaufsichtigung, das die nächsten hundert Jahre bestimmen sollte.

Burschenheim Beiserhaus in Rengshausen um 1850

Erstes Diakonissenmutterhaus in Treysa um 1865

An der um 1640 entdeckten Mineralquelle vor den Toren von Hofgeismar begann unter Landgraf Carl der Badebetrieb, für den Simon Louis du Ry zwei Badehäuser errichtete, heute Evangelisches Predigerseminar und Sitz der Landessynode. Im Park liegt (oben im Bild) das Schlößchen Montcheri (Schönberg), heute Sitz der Evangelischen Akademie. Für den Stadtteil Gesundbrunnen wurde im vorigen Jahrhundert eine kleine Gemeindekirche erbaut (unten). Neben dem weiträumigen Park im englischen Stil liegen die Gebäude des ehemaligen Hessischen Siechenhauses, heute „Evangelische Altenhilfe Gesundbrunnen".

IX. Kirchlicher Widerstand – August Vilmar und die Renitenz

Ein Rückblick auf die Geschichte der Kirche in Hessen zeigt, daß es den Christen nie möglich gewesen war, ihre Glaubens- und Lebensweise, ihre Organisations- und Arbeitsformen selbst zu bestimmen. Von Anfang an wurden sie hineingezogen in die Auseinandersetzungen der geistlichen und weltlichen Landesherren. Erst war es die Auflösung eines eigenen nordhessischen Bischofssitzes (Büraberg) durch Erzbischof Lullus, dann die territorialen Kämpfe zwischen den Landgrafen und den Mainzer Kirchenfürsten. Nach der Reformation waren es die immer selbstherrlicher regierenden Fürsten, die die Entwicklung der Kirche nach ihren Interessen beeinflußten und bestimmten: zuerst die verhängnisvolle Doppelehe von Philipp und der Zusammenbruch des Schmalkaldischen Bundes, dann der von Moritz erzwungene Wechsel des kirchlichen Bekenntnisses und der liturgischen Tradition, schließlich die Fremdeingriffe in der Napoleonzeit.

Seit dem Beginn des 19. Jahrhunderts mußte die Kirche nach zwei Seiten hin kämpfen: zum einen gegen eine von der Aufklärung ausgelöste, rasant zunehmende Säkularisierung des ganzen Lebens, getragen von Menschen, die sich gegen die Bevormundung durch die Kirche auflehnten und immer mehr auf Distanz gingen. Zum anderen waren es die staatlichen Strukturen, die eine freie Entfaltung der Kirche behinderten, das Gottesgnadentum der letzten Kurfürsten (bis 1866), danach der preußischen Könige (bis 1918) und die weltanschaulich bestimmte Hitlerdiktatur im Einparteienstaat des Dritten Reiches (bis 1945). Dazu kam noch innerkirchlich die Klärung der Konfessionsfrage, die bisher durch das Summepiskopat der Fürsten festgelegt worden war. Verbunden damit kam immer wieder die Frage auf, wer die

Kirche leiten soll: ein von ihr selbst gewählter Landesbischof (lutherische Position) oder eine Synode aus Theologen und Laien (reformiert-calvinistische Tradition).

Die am weitesten in die Zukunft vorausgreifende Position in der Kirche wurde von August Friedrich Christian Vilmar vertreten, ohne Zweifel eine der bedeutendsten und eindrucksvollsten Persönlichkeiten unter den hessischen Theologen in dieser Zeit. Eine gerechte Würdigung seines umfassenden und vielseitigen Lebenswerkes ist dadurch beeinträchtigt worden, daß die von ihm ausgehende innerkirchliche Opposition gegen das absolute landesherrliche Kirchenregiment praktisch (nach Vilmars Tod) gescheitert ist. Der Pfarrerssohn aus Solz war nicht nur ein kenntnisreicher Schulmann (u.a. Gymnasialdirektor in Marburg und Schulreformer), sondern auch ein bedeutender Germanist (umfassende Arbeiten zur deutschen Nationalliteratur und Hymnologie), ein einflußreicher Politiker (Hersfelder Vertreter im Landesparlament, Referent und Vortragender Rat im Ministerium Hassenpflug), ein geachteter Kirchenmann (Stellvertreter und designierter Nachfolger des Kasseler Generalsuperintendenten), Mitglied der Eisenacher Kirchenkonferenz (und deren Gesangbuchkommission) und schließlich ein prägender Theologe (Professor in Marburg, Verfasser einer lutherischen Dogmatik und vieler Schriften zum „Zeitalter der Kirche", wie er seine Zeit nannte). Vilmar war ein heftiger Gegner der Verbesserungspunkte des Landgrafen Moritz. Der politischen Rechten als überzeugter Monarchist verbunden, rechtfertigte er als Haupt der kirchlich-konservativen Partei in Kurhessen die politische Reaktion unter Hassenpflug auch theologisch. Dennoch hatte dieser engagierte und von einem lebendigen Glauben beseelte Christ den Mut, anläßlich der Verhandlungen über seine Ernennung zum Generalsuperintendenten (1849) den Kurfürsten bei einer

August Vilmar (1800-1868)

Audienz aufzufordern: „Geben Sie die Kirche frei!" (als summus episcopus). Obwohl ihn 110 von 124 Pfarrern gewählt hatten, lehnte der Kurfürst seine Ernennung ab.
Der Streit um eine freie, ihre Ordnungen selbst bestimmende Kirche wurde durch den konservativen Kurfürsten Wilhelm II. eröffnet, der die schon bei Jérome praktizierte weitgehende Trennung von Kirche und Staat wieder rückgängig machte. Bei der Neuordnung des Staates durch sein Restitutionsedikt von 1821 machte er die Kirche wieder zu einem Glied des einheitlichen Staatsorganismus und beharrte auf seiner Autorität als Staatsoberhaupt, die sich auch auf die Kirche erstreckt und durch die oberste Staatsbehörde wahrgenommen wird. Jede der drei Provinzen des Landes erhielt ein eigenes Konsistorium, das dem Ministerium des Inneren unterstellt wurde. Diese evangelischen Staatsbehörden konnten jedoch ohne Rücksicht auf die Konfession besetzt werden. Die Leitung des Schulwesens wurde von den kirchlichen Angelegenheiten getrennt, doch blieben die Pfarrer Schulinspektoren unter Aufsicht der Regierung. Nur der Religionsunterricht verblieb den Konsistorien.
Um 1830 begann in der Pfarrerschaft eine Bewegung, die sich für die Wiedereinführung von verantwortlichen Kirchensynoden einsetzte. Im Zusammenhang mit der politischen Erregung im Land, die auf stärkere demokratische Freiheiten zielte, strebte man eine neue Presbyterial- und Synodalverfassung an, in der die Mitarbeit der Gemeindemitglieder auf allen Ebenen vorgesehen sein sollte. Der Marburger Theologieprofessor Hermann Hupfeld, der Professor für Kirchenrecht Wilhelm Bickell, der Regierungsrat Schröder in Kassel und damals auch der Gymnasialprofessor August Vilmar in Hersfeld führten diese Bewegung an und erreichten 1831 die Einsetzung einer staatlichen Oberkirchenkommission zur Ausarbeitung eines Entwurfes.
Aber erst die Unruhen des Jahres 1848 nötigten dem Staat ein neues Religionsgesetz ab, in dem jedem Staatsangehöri-

gen die Freiheit des Gewissens und der Religionsausübung zugesichert wurde. Neue Kommissionsarbeiten sollten das veränderte Verhältnis zwischen Staat und Kirchenordnung auf der Grundlage einer evangelischen Bekenntnisunion einbringen. Der Entwurf übertrug die Kirchengewalt ausschließlich einer Generalsynode, zu der auch Laien gehören sollten, von denen lediglich äußere Kirchenmitgliedschaft und bürgerliche Unbescholtenheit verlangt wurden.

Gegen diese Erweiterung des Teilnehmerkreises der Synodalen erhob sich ein Sturm streng kirchlich gesinnter Kreise, an deren Spitze sich August Vilmar stellte, der - entgegen seiner früheren Meinung - jetzt auf eine lutherisch geprägte Kirche mit einer starken Betonung des geistlichen Amtes hinarbeitete. Er berief mit anderen 1849 eine freie Konferenz nach Jesberg ein, die eine völlige Trennung von Kirche und Staat forderte; man griff dabei auf die althessische Kirchenordnung von 1566 zurück, weil dort schon eine Art Selbstregierung durch das geistliche Amt vorgesehen war; Vilmars Pläne fanden starke Unterstützung bei dem inzwischen wieder eingesetzten Minister Hassenpflug, während die reformierten Kreise mit dem Theologieprofessor Heinrich Heppe heftigen Widerstand leisteten.

Auch der Kurfürst, besorgt um die Einheit des Landes und seiner Kirche, widersetzte sich den konfessionellen Tendenzen Vilmars und verweigerte dessen Bestätigung zum Generalsuperintendenten. Daraufhin trat Hassenpflug zurück; Vilmar wurde auf einen theologischen Lehrstuhl nach Marburg versetzt, wo er bald viele junge Pfarrer und Studenten auf seine Seite zog und sie gegen den Liberalismus in kirchlichen und politischen Fragen, insbesondere aber auch gegen den wachsenden Einfluß von Preußen auf das Land einnahm.

Der Kurfürst regierte wieder als oberster Bischof der Kirche durch die Konsistorien in Kassel, Marburg und Hanau, deren Gebiete in Pfarrklassen (Konvente) unterteilt wurden.

Wie so viele andere Herrscher hatte auch der letzte hessische Kurfürst Friedrich Wilhelm II., seit 1831 Mitregent, die Zeichen der Zeit nicht verstanden und versucht, mit minimalen Zugeständnissen seine eigene Stellung zu retten. 1866 endete mit der Annexion Kurhessens durch Preußen nicht nur das selbständige Fürstentum, sondern auch der Einfluß des hessischen Landgrafenhauses auf die Kirche. Aus politischen Erwägungen setzte der preußische Ministerpräsident von Bismarck gegen den preußischen Oberkirchenrat durch, daß die evangelischen Kirchen in der jetzigen preußischen Provinz Hessen-Nassau (Kurhessen, Nassau und Frankfurt) nicht - wie geplant - zusammengelegt wurden, sondern selbständig blieben und direkt dem Kultusminister (nicht dem Oberkirchenrat der altpreußischen Landeskirche) unterstellt wurden. Trotz dieser toleranten Haltung verstärkten die oppositionellen Kreise des Luthertums um Vilmar ihren Widerstand gegen die geplante Einführung der preußischen Union in ganz Kurhessen. Sie beriefen sich dabei auf die noch in Kraft befindliche Kirchenordnung von 1657 (als legitime Fortschreibung der althessischen Ordnung von 1566) und auf die Gültigkeit der Augustana für Hessen. Schon die Berufung eines unierten Theologen in das Kasseler Konsistorium wurde als Verletzung des Bekenntnisstandes eingeklagt und eine Rückziehung desselben durch immer neue Eingaben an den König verlangt. Man berief sich auch auf Art. VII des Westfälischen Friedens (von 1648), der bestimmte, daß ein Landesherr bei der Übernahme eines anderen Fürstentums nicht dessen Kirchenordnungen verändern dürfe.
Als Antwort sprach das Konsistorium seine Mißbilligung für diese „ungehörigen Schritte“ aus und verfügte, bald nach dem Tode von August Vilmar (28.7.68), die Amtsenthebung seines Bruders, des Metropolitan J. W. G. Vilmar in Melsungen auf Weisung des preußischen Ministeriums für kirchliche Angelegenheiten. Es folgten erste Geldstrafen,

Strafversetzungen und Pensionierungen, als zum Widerstand gegen die vom König einberufene außerordentliche Synode (um eine neue Kirchenordnung zu beraten) aufgerufen wurde. Sechs Superintendenten und die Konsistorien von Hanau und Marburg sprachen sich gegen die neue Ordnung aus und wurden daraufhin als „renitent" bezeichnet.
Öffentliche Proteste gegen den ministeriellen Entwurf wurden mit Amtsenthebungen, der Untersagung von weiteren Amtshandlungen und Unterrichtserteilung beantwortet. 41 Theologen um die suspendierten Metropolitane Vilmar und Hoffmann erklärten ihre Bereitschaft zum Widerstand, „auch wenn die neue Ordnung mit Zustimmung der Majorität eingeführt werde." Es gab Geldstrafen, weil sich Pfarrer weigerten, einen königlichen Erlaß zu verlesen oder weil sie die Fürbitte für den König unterließen, wie durch polizeiliche Überwachung festgestellt wurde.
Daß die Renitenten auch noch für den früheren Kurfürsten öffentlich beteten, war ebenso provozierend wie dessen Schreiben an renitente Pfarrer und sein Bekenntnis kur vor seinem Tode im Exil: „Ich habe die Stellung der Renitenten als einzig richtig erkannt ... ich sterbe als Renitenter." Das hat bei den preußischen Behörden zu verschärften Reaktionen beigetragen, ebenso wie die heftigen Streitschriften, die überall in Deutschland verbreitet wurden.
1873 erklärten 46 Pfarrer und 9 Gemeinden, daß sie sich dem neuen Gesamtkonsistorium in Kassel nicht unterstellen würden. Sie sprachen dem Staat das Recht ab, Synoden einzuberufen oder die drei bisherigen Konsistorien aufzulösen bzw. zusammenzulegen. Die polizeiliche Überwachung wurde verstärkt; Verhöre, Geld- und Gefängnisstrafen wurden wegen Beleidigung des Konsistoriums oder wegen Kanzelmißbrauch verhängt. 1874 wurden 42 Pfarrer amtsenthoben und ihnen die Ordinationsrechte entzogen. Ihre Kirchenbuchschränke wurden versiegelt, die Pfarrhäuser teilweise geräumt bzw. neu besetzt. Betroffen waren davon

zehn Gemeinden in Niederhessen, zwei in Schmalkalden, eine in Oberhessen. Einige der gemaßregelten Theologen gingen außer Landes, andere übernahmen Lehrerstellen oder kirchliche Anstalten. Andere lebten kärglich von Unterstützungsgeldern, die aus anderen deutschen Gebieten eintrafen.

Der Bruch war vollständig geworden, als sich 1874 in Steinbach-Hallenberg eine „freie lutherische Gemeinde" neben der Ortsgemeinde konstituierte. 1978 baute sich die renitente Gemeinde in Schemmern ein eigenes Gotteshaus, getrennt von der Ortskirche. Die Gesamtzahl der renitenten Christen im Konsistorialbezirk Kassel betrug etwa 2900, die sich auf 72 Ortschaften verteilten. Dieser Bekenntniskampf brachte viel Not in die Familien der betroffenen Pfarrer und Beamten. Soweit dies ein Kampf gegen das Staatskirchentum war, hat der spätere Verlauf der Kirchengeschichte dem Anliegen A. Vilmars recht gegeben. (Als 1945 die Trennung von Staat und Kirche endgültig und vollständig vollzogen war, kehrten auf Einladung von Bischof D. Wüstemann einige Renitente in die Landeskirche zurück. Die Mehrzahl aber entschied sich für den Weg in eine selbständige, lutherische (Frei-)Kirche.)

Eine außerordentliche Synode nahm 1886 eine „Presbyterial- und Synodalordnung für die evangelischen Kirchengemeinschaften im Bezirk des Konsistoriums zu Cassel" an. Vom preußischen König genehmigt und erlassen, baute sie die Kirche als selbständige Körperschaft in vier Stufen auf: 1. der Gemeindekirchenrat, 2. die jährlich zusammentretende Kreissynode, 3. die alle drei Jahre tagende Provinzialsynode und 4. die Generalsynode, die alle sechs Jahre tagte und zwischenzeitlich vom Synodalvorstand vertreten wurde. Kurhessen wurde in 13 Kirchenkreise eingeteilt.

Insgesamt behielt die Kirche ihre grundsätzliche Gliederung in drei Bekenntnisgemeinschaften unter je einem Generalsuperintendenten bei. Die Einführung der Kirchensteuer 1876 und das Kirchenaustrittsgesetz lösten eine erste Austrittswelle aus.

Nach einem einheitlichen Gesangbuch 1889 wurde mit einer möglichst weitgehenden Angleichung der Gottesdienstformen die „Agende für den Consistorialbezirk Kassel" 1896 eingeführt. In drei verschiedenen Ausgaben, jeweils für lutherische, reformierte und unierte Gemeinden enthielt sie jedoch noch so viele konfessionelle Besonderheiten, daß sich daraus keine einheitliche Ordnung für das ganze Kirchengebiet ableiten ließ.

Ein Blick auf die kurfürstliche Landesuniversität in Marburg zeigt, daß auch hier nach dem Ende des Königreiches Westphalen eine Zeit geistiger Restauration und politischer Reaktion begann. Trotzdem lehrte eine ganze Reihe bedeutender Theologen an der evangelischen, ihrem Wesen nach unierten Fakultät: der Kirchenhistoriker Heinrich Heppe als Vorkämpfer für ein reformiertes Bekenntnis (in Anlehnung an Melanchthon und Bucer), der Systematiker August Vilmar dagegen für das lutherische Bekenntnis (in Anlehnung an die sächsische Reformation). In der Theologie herrschte die historisch-kritische Schule der Bibelauslegung, zu der Karl Budde, Adolf Jülicher, Adolf Deißmann und Johannes Weiß gezählt wurden. Sie haben viele Jahrgänge hessischer Pfarrer geprägt und durch diese auch entscheidend auf das Glaubensleben der Gemeinden eingewirkt. Als Kirchengeschichtler lehrten hier Adolf Harnack, Heinrich Boehmer und Heinrich Hermelingk, als Systematiker Wilhelm Herrmann, Martin Rade und Rudolf Otto, in der Praktischen Theologie Ernst Achelis und Karl Bornhäuser.

Wilhelm Herrmann (1846-1922), Lehrstuhl für systematische Theologie, und Rudolf Otto (1869-1937), Religionshistoriker und Begründer der Religionskundlichen Sammlung im Marburger Schloß

Wilhelm Herrmann Rudolf Otto

Eine Zwischenbilanz zur Jahrhundertwende zeigt, daß die Kirche jetzt in einer preußischen Provinz und unter dem Summepiskopat des Königs stand, in dessen Namen alle wichtigen kirchlichen Beschlüsse verkündet wurden und dem die Pfarrer einen Amtseid zu leisten hatten. Die innerkirchlichen Angelegenheiten wurden zwar weitgehend durch gewählte Gremien beraten und entschieden; den Pfarrämtern wurde jedoch durch die Einführung staatlicher Standesämter die Führung der Personenstandsregister endgültig aus der Hand genommen. Bismarcks „Kulturkampf" gegen die katholische Kirche hatte auch Auswirkungen auf den evangelischen Bereich, als 1872 die Aufsicht über alle Schulen vom Staat übernommen wurde.

Eingang zur Kaiserloge in der Christus-Kirche in Kassel-Wilhelmshöhe

Die Friedensjahre bis zum Ersten Weltkrieg haben der Kirche zwar viel staatliche Förderung und das persönliche Wohlwollen der Monarchie gebracht, aber wenig Freiheit im Grundsätzlichen. Die Kriegsjahre ließen alle noch offenen Fragen zurücktreten hinter dem gemeinsamen Leiden des ganzen Volkes. Viele Pfarrer gingen freiwillig als Soldaten oder Feldprediger an die Front und brachten prozentual gerechnet mehr Opfer an Leib und Leben als jeder andere Berufsstand. Die Pfarrer zu Hause versuchten, auf dem Briefwege seelsorgerlichen Kontakt zu ihren Gemeindegliedern an der Front zu halten, und hatten das schwere Amt, die Angehörigen der Kriegsopfer zu trösten. Sie organisierten vielerlei soziale und diakonische Hilfen, besonders bei der zunehmenden Not in den Städten.

Mit dem Kriegsende und dem Zusammenbruch der bisherigen deutschen Staaten erloschen auch die kirchlichen Rechte der regierenden Fürstenhäuser. Mit der Abschaffung des Diensteides auf den Landesherren, wie er bis dahin von den Pfarrern verlangt worden war, endete das vierhundertjährige Bündnis von „Thron und Altar". Die Kirchen standen ungeschützt im Sturm der Nachkriegszeit, die nicht gerade kirchenfreundlich eingestellt war und neben einer deutlichen Abwendung von der äußeren Kirchenorganisation auch eine starke Zunahme des Sektenwesens mit sich brachte.

Neue Herausforderungen: Festumzug der Kasseler Kirchenleitung am 1. Mai 1933 (von links: Dettmering, Merzyn, Möller, Bähr, Gerlach und Endemann) und ein Mitgliederausweis der Bekennenden Kirche Marburg.

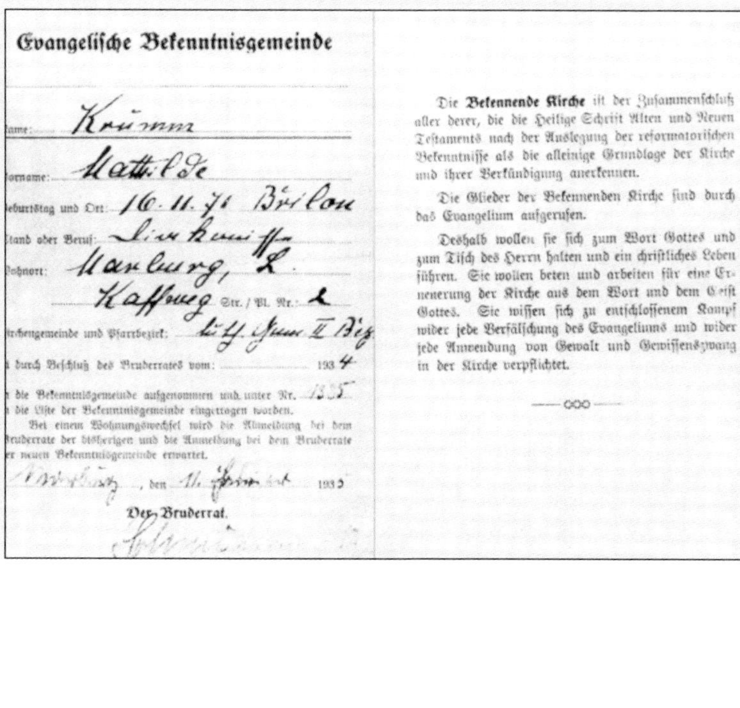

Evangelische Bekenntnisgemeinde

ame: Krumm

orname: Mathilde

eburtstag und Ort: 16. 11. 71 Brilon

tand oder Beruf: Diakonisse

ohnort: Marburg, L.

Kaffweg Str. / Pl. Nr.: 2

irchengemeinde und Pfarrbezirk: [illegible]

t durch Beschluß des Bruderrates vom: 1934

n die Bekenntnisgemeinde aufgenommen und unter Nr. 1335
n die Liste der Bekenntnisgemeinde eingetragen worden.

Bei einem Wohnungswechsel wird die Abmeldung bei dem Bruderrate der bisherigen und die Anmeldung bei dem Bruderrate er neuen Bekenntnisgemeinde erwartet.

[illegible], den 11. [illegible] 1935

Der Bruderrat.

[illegible]

Die **Bekennende Kirche** ist der Zusammenschluß aller derer, die die Heilige Schrift Alten und Neuen Testaments nach der Auslegung der reformatorischen Bekenntnisse als die alleinige Grundlage der Kirche und ihrer Verkündigung anerkennen.

Die Glieder der Bekennenden Kirche sind durch das Evangelium aufgerufen.

Deshalb wollen sie sich zum Wort Gottes und zum Tisch des Herrn halten und ein christliches Leben führen. Sie wollen beten und arbeiten für eine Erneuerung der Kirche aus dem Wort und dem Geist Gottes. Sie wissen sich zu entschlossenem Kampf wider jede Verfälschung des Evangeliums und wider jede Anwendung von Gewalt und Gewissenszwang in der Kirche verpflichtet.

X. Kirchenkampf und Bekennende Kirche – Hans von Soden

Die hessische Pfarrerschaft mußte sich nach der Rückkehr aus dem Feld erst einmal einen neuen geistlichen und theologischen Standort erarbeiten. Dabei half ihnen die neue Offenbarungstheologie von Karl Barth, der damals in Göttingen lehrte, wohin besonders die reformiert ausgerichteten Studenten auch aus Hessen gerne gingen. Barth, der später als Wortführer der Dialektischen Theologie galt und viele Schüler fand, spielte auch im kommenden Kirchenkampf eine bedeutende Rolle. Man nannte ihn den „Vater der Bekennenden Kirche".

Karl-Bernhard Ritter (1890-1968)

Im Zusammenhang mit der damaligen Jugendbewegung entstand im kirchlichen Bereich die Berneuchner Bewegung, die durch besonders liturgisch interessierte Theologen - sie bildeten zusammen mit Laien die „Michaelsbruderschaft" - nach und nach einen bedeutenden Einfluß auf die kurhessische Kirche gewinnen sollte. Ein gedanklicher Vorkämpfer dieser Gruppe war der Marburger Pfarrer und spätere Dekan Karl Bernhard Ritter. Er setzte sich an die Spitze der liturgischen Erneuerung, die nach dem Kriege gerade in den nüchternen Kirchen der reformierten Gemeinden wichtige Impulse zu einer Neugestaltung freisetzte.

In der preußischen Provinz Hessen-Nassau wurden bei Wahrung der verschiedenen Bekenntnisstände vom Staat bestätigte neue Kirchenverfassungen erarbeitet und eingeführt (Hessen-Darmstadt, Nassau und Frankfurt 1922, Hessen-Kassel 1923 und Waldeck 1921). Der Gedanke einer Vereinigung aller evangelischen Kirchen in Hessen zu einer großhessischen Kirche tauchte schon 1926 auf und wurde von den beteiligten fünf Kirchenleitungen in vorsichtiger Form weiterverfolgt. Bis 1933 tagte der „Marburger Rat" und erarbeitete in vielen Ausschußsitzungen einen Verfassungsentwurf. Die Landeskirche von Waldeck-Pyrmont schied dann aus, weil sie als kleinste Kirche Sorge um ihre eigenständigen Traditionen hatte und sich aus nachbarschaftlichen Gründen bei der westfälischen Kirche besser aufgehoben meinte. Darmstadt, Frankfurt und Nassau schlossen sich zur Evangelischen Kirche von Hessen-Nassau zusammen. Hessen-Kassel mußte 1934 (siehe Seite 102) einen anderen Weg gehen.

Die neue Verfassung von Hessen-Kassel erlaubte zwar der Einzelgemeinde die Beibehaltung ihres Bekenntnisses, aber auch die Namensgebung „Evangelische Gemeinde". Die Landeskirche wurde in drei Sprengel unter drei Landespfarrern und 26 Kirchenkreise unter Kreispfarrern eingeteilt, wobei die alte Klasseneinteilung zugunsten einer Angleichung an die kommunalen Kreisgrenzen fallengelassen wurde. Ein Landesoberpfarrer wurde Vorsitzender der Kirchenregierung, während der Landeskirchentag Träger der Kirchengewalt und Gesetzgebung war.

Freie und geheime Kirchenwahlen waren seit 1924 möglich, wurden aber erst nach 1945 praktiziert

Gewählte bzw. berufene Kirchenvorstände leiteten die Gemeinden. Zum erstenmal in der Kirchengeschichte erhielten jetzt auch die Frauen das aktive und passive Wahlrecht. In der vorhergehenden Wahlordnung von 1875 blieb das Wahlrecht nur Gemeindegliedern „männlichen Geschlechtes, selbständig und über 25 Jahre" vorbehalten. Trotz der neuen Wahlmöglichkeiten begnügte man sich weithin mit der Aufstellung von Kandidatenlisten durch den bisherigen Kirchenvorstand und/oder die Pfarrer, so daß ein Urnengang überflüssig war. Die Wahlordnung von 1924 erlaubte in § 20: „War nur ein Wahlvorschlag eingereicht, so ist dieser mit dem Zusatz bekanntzumachen, daß die genannten Bewerber gemäß § 12 des Wahlgesetzes als gewählt gelten, und daß daher eine Wahl nicht stattfindet." Diese Wahlpraxis hat sich dann sehr verhängnisvoll bei der Absprache über die Wahllisten nach der Machtübernahme der N.S.D.A.P. ausgewirkt.

Als sich am 22. Mai 1924 Freiherr Schenk zu Schweinsberg als Präsident des Evangelischen Konsistoriums und des Gesamtkirchenausschusses der Landeskirche verabschiedete, erklärte er das landesherrliche Kirchenregiment für beendet. Jetzt endlich - 400 Jahre nach der Reformationszeit - war zum erstenmal die Trennung von Kirche und Staat grundsätzlich und sauber durchgeführt worden, wenn man von den notwendigen Begrenzungen absieht, die auch die Kirche als öffentlich-rechtliche Körperschaft im Rahmen der staatlichen Gesamtordnung anerkennen mußte.

Die kirchliche Verfassungsgebung stand nun wieder vor dem Problem: Wie kann ein der Zeit angemessener demokratischer Aufbau von unten nach oben unter verantwortlicher Beteiligung der Gemeindemitglieder vereinigt werden mit der Notwendigkeit einer einheitlichen geistlichen Leitung, die auch befähigt ist, das Bekenntnis der Kirche und eine schriftgemäße Verkündigung des Evangeliums zu wahren? Die neue Kirchenverfassung versuchte, in ausgewogener Weise eine vom Gemeindeprinzip her bestimmte synodale Ordnung mit einer kollegialen geistlichen Leitung (drei Landespfarrer, einer davon als Landesoberpfarrer Repräsentant der ganzen Kirche) zu vereinen. Obwohl auf eine Formulierung des Bekenntnisstandes verzichtet wurde, zeigte das Ordinationsformular, daß weiterhin das Augsburger Bekenntnis für die Pfarrer verpflichtend blieb.

Der Aufbau der Kirche durch demokratische Wahlen auf allen Ebenen, der jetzt erstmalig möglich wurde, brachte es aber mit sich, daß auf legalem Wege auch kirchenpolitische Strömungen Einfluß gewinnen konnten, die die Existenz der Kirche im Kern bedrohten. Als im Parteienkampf der Weimarer Republik um das Versailler Diktat mit seinen schwerwiegenden Folgen für das Wirtschaftsleben gestritten wurde, erhielten die Radikalen am linken und rechten Flügel aufgrund ihrer heftigen Agitation gegen den Staat immer stärkeren Zulauf. Auch in den Gemeinden wuchsen die Spannungen, die sich zum Teil in Kirchenfeindschaft und Kirchenaustritten, zum Teil auch in kritikloser Übernahme weltanschaulicher Gedanken zeigten, die kaum noch als christlich bezeichnet werden konnten. Insbesondere trug die stark um sich greifende nationalsozialistische Weltanschauung mit ihren von Haß diktierten Rassenvorstellungen und einem aus dem germanischen Heidentum entlehnten Mythos viel Unsicherheit in die christliche Bevölkerung. Als die Hitler-Partei 1933 die Macht im Reich übernahm, förderte sie zunächst besonders die Glaubensrichtung der „Deutschen Christen" (DC), die christliche Lehren durch germanische Göttersagen und das Alte Testament als Judenbibel verdrängen wollte.

Die gewählten und/oder berufenen Kirchenvorsteher leiten zusammen mit den Pfarrern die Gemeinde

Als die ersten Kirchenvorstandswahlen im „Dritten Reich" am 23. Juli 1933 angesetzt wurden, einigten sich, nach bisherigem Brauch, der vom Staat eingesetzte Kirchenbevollmächtigte Dr. Paulmann (für die DC) und Pfarrer K. B. Ritter (für die Arbeitsgemeinschaft Kurhessische Kirche, Vorläufer des Pfarrernotbundes) auf eine Einheitsliste bei der Kandidatenaufstellung. Man hat Ritter bzw. der späteren BK vorgeworfen, daß sie sich auf eine Vertretung beider Richtungen (im Verhältnis 60 % DC und 40 % BK) haben festlegen lassen. Doch wollte man damals eine Aufspaltung der Kirche verhindern und hoffte noch auf eine gedeihliche Zusammenarbeit beider Richtungen. So fand auch diesmal wieder kein Urnengang statt. Auch die Frauen kamen dadurch kaum zum Zuge. Die Partei aber hatte einen starken

Zuwachs von DC - Kirchenvorstehern (häufig eingeschriebene NS-Parteimitglieder) erreicht und somit, auf legalem Wege, eine Veränderung der Kirchenvorstände in Richtung der NS-Ideologie bewirkt.

Es zeigte sich jedoch bald, daß, wie auf vielen anderen Gebieten, Absprachen mit dem NS-Regime oder den von ihm geförderten Organisationen von diesen sofort fallengelassen bzw. gebrochen wurden, wenn sie nicht mehr dem beabsichtigten Zweck einer allgemeinen Gleichschaltung und Ausrichtung des gesamten öffentlichen Lebens auf die Parteiziele dienlich waren. Nachdem der Plan, die evangelische Kirche zu einer straff organisierten, den staatlichen Grenzen angeglichenen Reichskirche umzuorganisieren, am Widerstand der Landeskirchen gescheitert war, ließ man den dafür eingesetzten „Reichsbischof" ebenso fallen wie die DC, von denen man die kirchliche Umfunktionierung der Christen erwartet hatte. Das propagierte „Führerprinzip" war der Kirche nicht aufzuzwingen, obwohl es hier und da für gut befunden wurde. Einige Pfarrer haben dennoch weiterhin mit den DC zusammengearbeitet und manche Verwirrung in die Gemeinden hineingetragen. Als aber Staat und Partei ihr anfänglich kirchenfreundliches Verhalten nach und nach aufgaben, trat die Mehrheit der Pfarrer aus der Partei und ihren Organisationen wieder aus und trennte sich ebenso deutlich von den DC. Mit einem Teil der Gemeindeglieder schlossen sie sich der Bekennenden Kirche an.

Für die Reichskirche!
Erste waldeckische öffentliche Kundgebung der
Glaubensbewegung „Deutsche Christen".
Freitag, den 26. Mai, abends 8½ Uhr, im Evangl. Gemeindehaus zu Corbach.
Redner: Pfarrer Probst aus Frankfurt a. M.,
Leiter der Glaubensbewegung in Groß-Hessen.
Evangelische Partei- und Glaubensgenossen in Stadt und Land, tragt durch Euren Besuch dazu bei, daß die Kundgebung eine überwältigende wird.
Eintritt 0.25 Mk. Saalöffnung 7 Uhr.
Kreisleitung der Glaubensbewegung „Deutsche Christen"
Busold.

Hakenkreuz statt Kreuz: Aufruf der Deutschen Christen

Während die damalige Kirchenregierung den Landesoberpfarrer D. Möller mit der Vertretung der Landeskirche nach außen bevollmächtigte, bildete sich unter dem Vorsitz von Pfarrer K. B. Ritter am 9. November 1933 der „Bruderbund Kurhessischer Pfarrer" (Pfarrernotbund), der 1934 zum größten Teil der Bekennenden Kirche unter Hans von Soden beitrat.

Die Landeskirche im Fürstentum Waldeck-Pyrmont hatte 1821 die Union zwischen lutherischen und reformierten Gemeinden und 1873 eine synodale Kirchenordnung eingeführt. Nach dem Ende des landesherrlichen Kirchenregimentes wurde eine neue Verfassung (1921) erarbeitet, die sich an das Augsburger Bekenntnis anlehnte. Man versuchte, soweit als möglich die bisherigen Strukturen beizubehalten und, vom Frauenwahlrecht abgesehen, keine grundlegenden Änderungen einzuführen. Die Kirchenleitung, die bisher ihren Sitz im Residenzschloß gehabt hatte, mußte nun in die sogenannte Neue Regierung umziehen. Die Kirchenräte Dr. von Haller und Fuldener wurden nach 1933 von der Partei und den DC erheblich unter Druck gesetzt, wozu man Demonstranten aus dem ganzen Land heranholte, um einen neuen DC-Staatskommissar für die Waldecker Kirche, Dr. Happel, zu unterstützen. Dieser hat dann auch bei dem zwangsweisen Anschluß an Hessen-Kassel eine verhängnisvolle Rolle gespielt.
Der führende Universitätstheologe der BK war in Hessen - und weit darüber hinaus - Hans Freiherr von Soden. Als Sohn eines Theologie-Professors für Neues Testament in Berlin geboren, erhielt Soden schon sehr früh einen Lehrstuhl für Kirchengeschichte in Breslau (1921). In Marburg übernahm er 1924 den Lehrstuhl für Neues Testament, Kirchengeschichte, Christliche Archäologie und Kirchenrecht. Als Harnack-Schüler ein liberaler Theologe, war er seit 1920 Mitglied der Preußischen Generalsynode. Nach 1933 wählten ihn alle der BK angehörenden Universitätslehrer zu ihrem Vertrauensdozenten. Als solcher hat er u. a. heftig gegen den sogenannten „Maulkorb-Erlaß" protestiert, mit dem der Kirchenminister den Professoren jede öffentliche Äußerung zu zeitpolitischen Fragen verboten hatte. Anlaß dazu war u. a. das von Soden unterschriebene Fakultätsgutachten gegen die Übernahme des „Arierparagraphen" in das kirchliche Recht, was zur Entlassung nichtarischer

Pfarrer und Mitarbeiter geführt hätte. Schon am 4.5.1933 hatte Professor von Soden sich in einer öffentlichen Vorlesung eindeutig gegen die antijüdischen Bestrebungen von Partei und Staat ausgesprochen. Neben seinen Rundschreiben an die theologischen Mitglieder der kurhessischen BK, die sich am 1.8.1934 gebildet hatte, verfaßte er zusammen mit Professor Rudolf Bultmann ein Erklärung „Neues Testament und Rassenfrage", die von vielen Kollegen unterschrieben wurde. Schon zu dieser Zeit wurde der Schriftverkehr der BK, soweit es möglich war, überwacht und häufig beschlagnahmt.

Hans von Soden (1881-1945)

Als 1934 Reichsbischof Müller wieder eine Vereidigung der Pfarrer als Beamte anordnete und diesen Treueid auf den Führer mit dem Ordinationsgelübde vermengte, brach nach einem Gegengutachten von Hans von Soden ein solcher Sturm in der Kirche aus, daß die Vorlage zurückgezogen wurde. Erst im Mai 1938 wurde im Amtsblatt der Landeskirche eine Verordnung veröffentlicht, nach der, getrennt von dem Ordinationsgelübde, der staatliche Eid in folgender Formulierung von allen Pfarrern verlangt wurde: „Ich schwöre: Ich werde dem Führer des Deutschen Reiches und Volkes, Adolf Hitler, treu und gehorsam sein, die Gesetze beachten und meine Amtspflichten gewissenhaft erfüllen, so wahr mir Gott helfe."

Hans von Soden riet damals den Pfarrern, diesen Treueid nur unter vorheriger ausdrücklicher Bezugnahme auf das Ordinationsgelübde abzulegen. Oberlandeskirchenrat D. Merzyn z.B. sagte dem der BK angehörenden Kandidaten Martin Wörner, daß er nur dann eine Stelle bekommen könne, wenn er sich vereidigen lasse, was dann an Ort und Stelle geschah. Wegen seines Widerstandes gegen den vom Reichsbischof eingesetzten Kirchenkommissar wurde von Soden 1934 zwangsweise in den Ruhestand versetzt, aber

Monate später als Ordinarius wieder eingesetzt (jedoch ausdrücklich nicht als Dekan der Theologischen Fakultät). 1940 gab er dann die Leitung der BK und den Vorsitz im Bruderrat an seinen Stellvertreter Karl Lotz ab. Die Geschäftsführung der BK lag von Anfang an in den Händen von Pfarrer Bernhard Heppe in Cölbe, der viele Rundschreiben an die BK-Pfarrer verfaßte, um sie über die kirchenpolitische Gesamtlage in Deutschland zu informieren. Er mußte sich mit seinen Mitstreitern immer neue Listen einfallen lassen, um zu verhindern, daß die Gestapo seine Post unterwegs abfing und beschlagnahmte.

Es gibt nur wenige Angaben über die Mitgliederzahlen der BK. Nach einer Schätzung der Staatspolizeistelle Kassel vom 5.12.1934 rechnete diese 60 % der Pfarrer (und Gemeinden) zur BK, während nur etwa 10 % zu den aktiven und parteihörigen DC-Theologen gezählt wurden. Eine Mitgliederliste vom 1.12.1935, die sich in den BK-Akten fand, umfaßte 291 Theologen in der Landeskirche (also fast die Hälfte).

Um sich ein Bild davon machen zu können, welchen Repressalien die bekenntnistreuen Pfarrer damals ausgesetzt waren, sei hier an das Schicksal des Pfarrers Hans Zimmermann aus Kassel-Bettenhausen erinnert, der als Mitglied der BK von Anfang an am Kirchenkampf in seinen Gemeinden Mottgers, Bettenhausen und Heringen aktiv teilgenommen hatte. 1941 wurde er wegen „Verdunkelungsgefahr" von der Gestapo verhaftet, mehrfach verhört und ohne Gerichtsurteil in das Arbeitslager Breitenau überstellt. Diese Sammelstelle für Abschiebungen in die Konzentrationslager lernten auch noch andere Mitglieder der BK kennen. Zimmermann, bei dem man Rundschreiben der BK und ein verdächtiges Gedicht gefunden hatte, traf dort als Schutzhäftlinge der Gestapo noch die Pfarrer Otto Reinhold aus Lohfelden und Robert Lutze aus Mittelbuchen an, die auch schon meh-

Das 1142 erbaute Mittelschiff der Klosterkirche Breitenau wurde im 19. Jhdt. zu einem mehrstöckigen Wohngebäude für eine Landesarmenanstalt umgebaut. Der Chorraum wird seit 1874 als Gemeindekirche benutzt. Wand an Wand waren damit ab 1933 die Schutzhäftlinge untergebracht

rere Wochen im Polizeigefängnis Kassel eingesessen hatten. Besonders schwer betroffen war die Vikarin lic. theol. Katharina Staritz, die nach ihrer Verhaftung 1942 zunächst ein Jahr im Marburger Gefängnis saß, danach in das Arbeitslager Breitenau und schließlich in das Konzentrationslager für Frauen in Ravensbrück eingeliefert wurde. 1943 wurde sie von dort „probeweise" entlassen. Frau Staritz hatte schon in ihrer Heimatstadt Breslau Hans von Soden kennengelernt und folgte ihm nach Marburg, wo sie das Erste theologische Examen ablegte und promovierte. Sie wurde als Vikarin in ihrer Vaterstadt Breslau mit Seelsorge und Hilfsaufgaben betraut, wobei sie sich besonders der Juden annahm. Als Mitglied der BK wurde ihr die Leitung einer Außenstelle der „Evangelischen Hilfsstelle für nichtarische Christen" (in Berlin unter Pfarrer Grüber) übertragen. Die Stadtvikarin nahm mit einem eigenen Rundschreiben an die Breslauer Pfarrer gegen die staatlich befohlene Einführung des Judensternes Stellung. Nach heftiger Hetze gegen sie in der SS-Zeitung wurde sie amtsenthoben und flüchtete nach Marburg. Nach Breslau zurückgekehrt aus den Lagern, mußte sie vor den Russen fliehen. Ihr Weg führte über einen Vertretungsdienst in Schmalkalden in die Pfarrstellen Sebbeterode und Albertshausen der kurhessischen Kirche. Von 1949 bis zu ihrem Tod 1953 leitete sie in Frankfurt das Amt für Frauenarbeit von Hessen-Nassau.

Katharina Staritz (1903-1953)

Der Pfarrer von Ulfen, der spätere Prälat Karl Hilmes, wurde nach einer Predigt gegen die Vernichtung „lebensunwerten Lebens" verhaftet und in das Konzentrationslager Dachau eingeliefert. Von dort wurde er 1944 „beurlaubt" und durfte wieder amtieren. Der Vorsitzende des Pfarrervereins, Kreispfarrer Hermann Wepler, wurde nach einer Denuntiation aus seiner Gemeinde heraus wegen Abhörens von

Feindsendern zu drei Jahren Zuchthaus und fünf Jahren Ehrverlust verurteilt, seine Frau aus demselben Grund zu drei Monaten Gefängnis. Wepler wurde erst 1945 beim Herannahen der Amerikaner aus dem Zuchthaus Ziegenhain entlassen.

Die Pfarrer Karl Bernhard Ritter in Marburg, Theodor Dannert in Haina, Martin Hestermann in Oberzell, Hermann Stauber in Cappel, Hermann Eichhöfer in Reichensachsen und Wilhelm Menge in Niederense wurden vorübergehend in Schutzhaft genommen, weil sie eine Abkündigung der BK gegen das Neuheidentum verlesen hatten. Hermann Eichhöfer, der schon 1933 gegen die Quotenregelung bei den Kirchenvorstandskandidaten protestiert und vergeblich seine Versetzung in den Ruhestand beantragt hatte, wurde nach der Verhaftung drei Tage gefangengehalten und erhielt dann ein Redeverbot für den Kreis Eschwege und ein Aufenthaltsverbot für Hessen, ebenso Martin Hestermann (jeweils drei Monate lang).

Einer der Begründer der BK in Kassel war Pfarrer Gustav Rüppel, Harleshausen. Mehr als 400 Mitglieder machten seine Gemeinde zu einer „Hochburg der BK". Mehrfache Hausdurchsuchungen, das regelmäßige Abhören und Mitstenographieren seiner Predigten durch Gestapo-Beamte, Vorladungen und Verhöre dortselbst, ein Verbot des Gemeindebriefes und schließlich ein Verfahren wegen „Heimtücke" (das sich bis zum Kriegsende hinzog) konnten den mutigen Prediger nicht zum Schweigen bringen. Die mehrfachen Forderungen der Partei auf Versetzung scheiterten am Rückhalt, den Rüppel in seiner Gemeinde hatte.

Das jetzt einsetzende Ringen um die Kirche bezog sich nicht mehr auf bestimmte Bekenntnisse oder Ordnungen, sondern wurde schnell zu einem dramatischen Kampf

Randbemerkung von Pfr. Rüppel auf einer DC-Flugschrift von 1935: „Man muß Gott mehr gehorchen als den Menschen." Eine solche „Fundsache" genügte schon für eine Vorladung zum Verhör bei der Gestapo

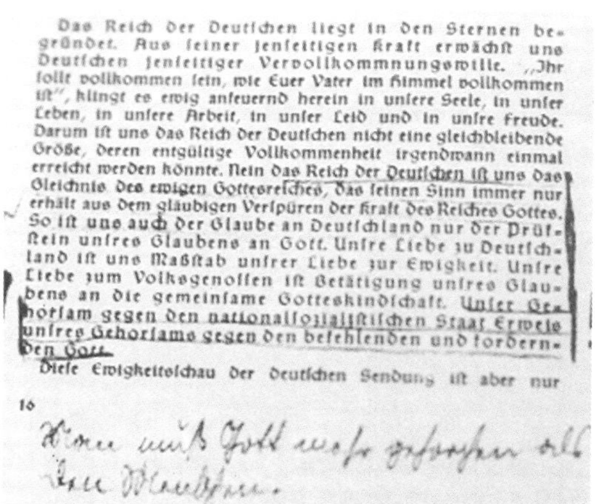
Das Reich der Deutschen liegt in den Sternen begründet. Aus seiner jenseitigen Kraft erwächst uns Deutschen jenseitiger Vervollkommnungswille. „Ihr sollt vollkommen sein, wie Euer Vater im Himmel vollkommen ist", klingt es ewig anfeuernd herein in unsere Seele, in unser Leben, in unsere Arbeit, in unser Leid und in unsre Freude. Darum ist uns das Reich der Deutschen nicht eine gleichbleibende Größe, deren entgültige Vollkommenheit irgendwann einmal erreicht werden könnte. Nein das Reich der Deutschen ist uns das Gleichnis des ewigen Gottesreiches, das seinen Sinn immer nur erhält aus dem gläubigen Verspüren der Kraft des Reiches Gottes. So ist uns auch der Glaube an Deutschland nur der Prüfstein unsres Glaubens an Gott. Unsre Liebe zu Deutschland ist uns Maßstab unsrer Liebe zur Ewigkeit. Unsre Liebe zum Volksgenossen ist Betätigung unsres Glaubens an die gemeinsame Gotteskindschaft. Unser Gehorsam gegen den nationalsozialistischen Staat Erweis unsres Gehorsams gegen den befehlenden und fordernden Gott.

Diese Ewigkeitsschau der deutschen Sendung ist aber nur

16

Man muß Gott mehr gehorchen als den Menschen.

um die Freiheit der Kirche und des von ihr verkündeten Evangeliums. Wie in allen anderen Bereichen des öffentlichen Lebens und seiner Organisationen wollte der NS-Staat eine einheitliche, ausschließlich nach dem Führerprinzip aufgebaute Reichskirche mit Bischöfen, die vom Kirchenministerium ernannt wurden und von denen Linientreue erwartet wurde. Diese beabsichtigte Gleichschaltung der Kirche konnte auch der neugewählte kurhessische Landeskirchentag nicht mehr verhindern, zumal dort die DC die Übermacht hatte.

Nach dem Rücktritt der drei Landespfarrer beschloß 1933 der Landeskirchentag die Einsetzung einer „Einstweiligen Kirchenleitung" und übertrug ihr die Befugnisse des Landeskirchentages und seines Vorstandes, der Kirchenregierung, des Landeskirchenamtes und aller Ausschüsse. Man wollte in der neuen Kirchenleitung die Einheit der Kirche festhalten, bereitete eine bischöfliche Verfassung vor und nominierte D. Merzyn als Bischof. Der Kasseler Kirchenvorsteher Dr. Paulmann war vom Staatskommissar für die preußischen Kirchen, Dr. Jäger, als Bevollmächtigter für die Kirche von Hessen-Kassel eingesetzt worden und unterstützte die Kandidatur von Merzyn. Als der Kultusminister in Berlin Einwände gegen die Nominierung erhob, wurde Paulmann ohne Begründung als Leiter der DC in Kassel abgesetzt.

Ein hastig zusammengerufener Landeskirchentag trat unter dem Druck von Partei und Straße im Juni 1934 in Gegenwart des Staatskommissars Dr. Jäger zusammen und sollte über vier Punkte beschließen: 1. das Bischofsamt, 2. die Vereinigung von Hessen-Kassel mit der Landeskirche von Waldeck, 3. die Eingliederung in die Reichskirche, 4. die Bischofswahl. In der von Tumulten unterbrochenen Sitzung scheiterten die meisten Anträge an Formfehlern. Nur der Anschluß von Waldeck ging durch, bevor die Mehrheit mit einem Siegheil auf den Führer den Saal verließ.

Schon Anfang 1934 hatte der Kasseler Gauleiter der NSDAP Weinrich den Wunsch ausgesprochen, man möge den Anschluß von Waldeck an Kassel vorantreiben, vermutlich um die kirchliche Organisation weitgehend in die politische zu integrieren. Obwohl Waldeck bereits eine Vereinigung mit Westfalen vorbereitet hatte, verlangte die Partei die Angliederung an Kassel unter Abgabe der Pyrmonter Teile sowie der Grafschaft Schaumburg an die Landeskirche von Hannover. Der Zusammenschluß der dadurch verkleinerten Landeskirche von Waldeck und der Landeskirche von Hessen-Kassel wurde am 12. Juni 1934 gegen erhebliche Bedenken der BK-Minderheit beschlossen und die schon anwesenden Abgeordneten von Waldeck sofort in den Landeskirchentag aufgenommen. Die neue Kirche erhielt den gleichen Namen wie der für dieses Gebiet zuständige Parteigau, nämlich Kurhessen-Waldeck.

Doch alle weiteren Schritte zur Vereinnahmung der Kirche gingen nicht mehr so glatt vor sich. Eine von Berlin eingesetzte „Kommissarische Kirchenregierung" aus DC-Leuten ließ das Landeskirchenamt im Renthof Kassel durch Polizei räumen und zwang die Mehrheit der dort Arbeitenden zum Umzug in die Geschäftsräume der Inneren Mission. Dann erließ die kommissarische Kirchenregierung aus eigener Machtvollkommenheit ein neues Gesetz über die Leitung und Verwaltung der Landeskirche und die Einsetzung eines Landesbischofs. Am 29. Juni wählte eine Rumpfsynode den Kasseler Pfarrer Karl Theys, der zwar kein DC war, von dem man aber eine ausgleichende Wirkung auf die festgefahrenen Standpunkte der verschiedenen Kirchenparteien erwartete. Theys gewann aber keinen Rückhalt in der Pfarrerschaft und legte nach fünf Monaten sein Amt resigniert nieder. Typisch für die verworrenen Verhältnisse war es, daß weder die Ernennung und

Karl Theys (1881-1957)

Einführung, noch der Rücktritt des Landesbischofs Theys im Kirchlichen Amtsblatt von 1934 bekanntgegeben wurde. Da die Kommissarische Kirchenregierung ebenfalls wenig Echo in der Landeskirche fand und da gleichzeitig die bisherige Kirchenleitung unter Dithmar und Merzyn weiterarbeitete, erwies sich dieser Zustand auf die Dauer als unhaltbar und ließ die Verantwortlichen in Berlin erkennen, daß die Kirche wie in anderen Kirchengebieten auf diese Weise auseinanderbrechen werde. Kirchenminister Kerrl versuchte nun, parallel zu der Einsetzung eines Reichskirchenausschusses, durch Verhandlungen mit der BK in Kurhessen einen entsprechenden Landeskirchenausschuß, wie in vielen anderen Landeskirchen zu installieren. Man versuchte, in diesem Ausschuß möglichst erfahrene Männer zusammenzufassen, die keine extremen Meinungen vertraten. Drei Vertreter der BK arbeiteten mit den Mitgliedern der DC sachlich zusammen und konnten so das Zerbrechen der Kirche bis zum Kriegsende verhindern. Die Einstweilige Kirchenleitung, die noch von der Landessynode eingesetzt worden war, erklärte ihre Arbeit als „ruhend", solange der Landeskirchenausschuß tätig sei.

Der vom Kirchenminister des NS-Staates eingesetzte Landeskirchenausschuß war von 1935 bis 1945 das einzige kirchenleitende Organ: Drei Mitglieder tragen das Parteiabzeichen (Fricke, Haupt, Blendin), zwei gehören den DC an (Haupt, Blendin), drei der BK (Laabs, Rebermann und Fricke). Merzyn und Bachmann nahmen als geistliche Dezernenten des Landeskirchenamtes an den Sitzungen teil

Dieser neue Landeskirchenausschuß trat unter dem Vorsitzenden D. Happich aus Treysa zusammen, dem der Titel Präses gegeben wurde. Der Ausschuß trat zu seiner ersten Sitzung am 2. Dezember 1935 (wieder im Renthof) zusammen und leitete dann die Kirche ohne allzu große Störungen bis 1945. Den Vorschlag, D. Happich zum Landesbischof zu machen, lehnte der Ausschuß ab, um nicht in die Rechte von D. Merzyn einzugreifen, der bisher die Pfarrerordinationen vorgenommen hatte. Das vertriebene Landeskirchenamt konnte jetzt in seine Diensträume im Renthof zurückkehren.

Nachdem es den verschiedenen kirchlichen Richtungen durch eine gewisse Kompromißbereitschaft gelungen war, mit dem Landeskirchenausschuß wenigstens ein kirchenleitendes Organ zu schaffen, versuchte man, mit dem immer noch funktionierenden Landeskirchenamt in ruhiger Zusammenarbeit die Einheit der Landeskirche zu bewahren. Kurhessen galt von da an wieder als eine „intakte" Kirche. Da eine Wiedereinberufung des gesetzgebenden Landeskirchentages, der sich praktisch aufgelöst hatte, nicht mehr möglich war, wurde die Kirche fortan durch Verordnungen von oben geleitet. Auch Kreissynoden wurden nicht mehr abgehalten, weil die Gefahr bestand, daß sie von außen unter Druck gesetzt werden oder durch gegensätzliche Positionen handlungsunfähig sein könnten. In den Gemeinden, in denen die kirchliche Ordnung gestört war (wie etwa Reichensachsen, Grebendorf und Wanfried), wurden Gemeindekirchenausschüsse eingesetzt.

Beschwerdeschreiben der Staatspolizei und der NS-Gauleitung über Predigten, die abgehört wurden und zu Verhören und Verhaftung eines Mitarbeiters von Pfr. Seelig führten. Ein vorzeitiger Unfalltod bewahrte Seelig vor der zu erwartenden Verhaftung

DER POLIZEIPRÄSIDENT IN KASSEL

Nationalsozialistische Deutsche Arbeiterpartei

Trotz einer gewissen Ruhe in der Kirchenleitung tobte in vielen Gemeinden weiterhin ein heftiger Kampf: Kirchliche Versammlungen wurden mehr und mehr verboten, wenn sie nicht auf der Parteilinie lagen. Die Predigten wurden abgehört und die Pfarrer, die Mißstände beim Namen genannt hatten, überwacht, angezeigt und von der Staatspolizei verhört. Es gab auch Pfarrer, die in Parteiuniform predigten und Bibeltexte durch Führerworte ersetzten. Doch wurde den Gemeinden bald klar, daß der NS-Staat nicht nur die Umwandlung der Kirche in eine der vielen völkischen Massenorganisationen anstrebte, sondern wegen des teilweise energischen Widerstandes darauf hinzielte, die Kirche überhaupt zu liquidieren und als „Hort der Reaktion" zu vernichten.

So fanden die Pfarrer der Bekennenden Kirche weithin einen guten Rückhalt in den Gemeinden, als sie begannen, die treuen Christen in eigenen Gruppen mit Mitgliedskarten und Beiträgen zu sammeln, die ihnen den Rücken stärkten. Viele Theologen waren wie ihre Väter auch zur Ableistung ihrer Militärdienstzeit eingezogen worden (es gab kein Verweigerungsrecht) oder gingen mit Billigung ihrer Vorgesetzten in die Wehrmacht, wenn ihnen zu Hause eine Verhaftung wegen ihrer geäußerten Einstellung drohte. Dort waren sie zwar dem Zugriff der NS-Behörden weitgehend entzogen, mußten aber andererseits jenen fatalen Soldateneid leisten, der nicht mehr wie bisher Treue gegen Volk, Vaterland und Verfassung zum Inhalt hatte, sondern ausdrücklich der Person Adolf Hitler „unbedingten Gehorsam" geloben mußte. Das brachte neue Gewissenskonflikte mit sich. Die Kriegsjahre erzwangen im übrigen eine Art Waffenstillstand zwischen Staat, Partei und Kirche; doch bot sich dem Regime durch eine starke Einziehung der Pfarrer zum Kriegsdienst die Möglichkeit zu einer weiteren Schwächung der Kirche.

Unter dem Vorwand der Gewinnung kriegsnotwendiger Rohstoffe wurden auf staatliche Anordnung hin aus vielen Kirchen die metallenen Orgelpfeifen und viele Glocken zum Einschmelzen weggebracht. Ein Teil der Glocken wurde bei Kriegsende in Hamburg wiedergefunden und konnte in die Gemeinden zurückkehren. Viele Pfarrstellen waren unbesetzt und wurden durch den treuen Dienst der Pfarrfrauen notdürftig weiterversorgt. Das Frauenwerk und die Frauenhilfen waren ebenso wie die evangelischen Jugendgruppen, die schon 1934 zwangsweise in die Hitlerjugend überführt worden waren, längst schon in ein staatliches Frauenwerk eingegliedert und gleichgeschaltet worden.

In den Anstalten der Inneren Mission suchten staatliche Kommissionen Kranke, die man als „lebensunwert" bezeichnete und dem Euthanasieprogramm, „Gnadentod" genannt, zuführte. Nur in Einzelfällen gelang es den Anstaltsleitern, ihre Schützlinge vor der Vergasung zu retten.

Jüdische Christen wurden genauso verfolgt und in die Todeslager geschickt wie die Juden mosaischen Glaubens. In zahlreichen hessischen Gemeinden gingen die Synagogen der jüdischen Mitbürger, mit denen man jahrhundertelang in enger Gemeinschaft gelebt hatte, in Flammen auf. In den Kirchen aber mußte nach gesetzlicher Verordnung sonntäglich für den „Reichspräsidenten von Hindenburg und den Volkskanzler Adolf Hitler" gebetet werden.

Friedrich Happich (1883-1951) Direktor der Anstalten Hephata

Nach Hindenburgs Tod 1934 spaltete sich die Pfarrerschaft an der Frage nach einer alleinigen Fürbitte für Hitler. Besonders in BK-Gemeinden wurde die Fürbitte für die Verfolgten in und außerhalb der Kirche ernsthaft durchgehalten, während man Hitler möglichst wenig nannte.

Wichtig für die Beurteilung der damaligen kirchlichen Möglichkeiten ist auch die Tatsache, daß den widersetzlichen Kirchen und Gemeinden vom Staat kontrollierte Finanzabteilungen aufgezwungen wurden, die ausschließlich für die Geldverwaltung zuständig waren und Kontrollrechte bis in die Gemeinden hinein hatten. Sie hatten auch das Recht, eigene Bevollmächtigte, meistens Parteigenossen, dort einzusetzen. Damit wollte man verhindern, daß mit kirchlichen Mitteln die Arbeit der BK finanziert werden könnte. In Kurhessen blieb dieses Gesetz weitgehend auf dem Papier, weil man zwei Herren des Landeskirchenamtes als Finanzabteilung eingesetzt und die Kreispfarrer mit der Beaufsichtigung der Gemeinden beauftragt hatte. Dadurch konnte der Zugriff des Staates auf die kirchlichen Gelder im wesentlichen abgewehrt werden.

Als Symbol für die schrecklichen Leiden dieser Zeit, aber auch als seelsorgerlicher Trost kann das Bild des hessischen Pfarrers und Arztes Kurt Reuber gelten, das unter dem Namen „Madonna von Stalingrad" bekanntgeworden ist.

Kurt Reuber (1906 - 1944) stammte aus einem strenggläubigen Elternhaus und studierte, angeregt von Albert Schweitzer, Theologie und Medizin. Neben dem Pfarrdienst in Wichmannshausen schloß er sein Medizinstudium mit dem Staatsexamen und der Promotion ab. Reuber war ein begabter Maler, der während seines Kriegseinsatzes als Seuchenarzt über 150 Zeichnungen von russischen Menschen anfertigte. Das Weihnachtsbild entstand 1942 im Kessel von Stalingrad auf der Rückseite einer nicht mehr gebrauchten Landkarte. Mit dieser Bildverkündigung wollte Reuber Hunderten von Verwundeten in seinem Lazarett in verzweifelter Lage Freude und Hoffnung schenken. Während seine Zeichnungen mit der letzten Maschine aus Stalingrad ausgeflogen wurden, starb er selber 1944 im russischen Gefangenenlager Jelabuga.

Die „Madonna von Stalingrad" von Kurt Reuber (1942)

Am Ende des Krieges 1945 brach das „Tausendjährige Reich" total zusammen und wurde unter den Siegermächten aufgeteilt. Die Kirche Jesu Christi indes war trotz aller Verfolgungen und Wirrnisse „von den Pforten der Hölle nicht überwunden worden", wie es Christus den Seinen verheißen hatte (Matth. 16,18).

Die auf jeweils sechs Jahre gewählte Landessynode besteht aus 67 von den Kirchenkreisen gewählten Mitgliedern (davon ein Drittel Theologen), 13 vom Bischof berufene Persönlichkeiten sowie 9 Personen vom Amts wegen. Die Landessynode hat – im Zusammenwirken mit dem Bischof – in allen kirchlichen Fragen die letzte Entscheidung. Sie beschließt die Kirchengesetze und wählt den Bischof, der, mit seinen beiden Stellvertretern, Sitz und Stimme in der Synode hat. Die Synode tritt normalerweise zweimal im Jahr in Hofgeismar am Gesundbrunnen zusammen. Die Sitzungen in dem dortigen Synodensaal sind öffentlich.

XI. Engagierter Wiederaufbau – Frauen und Männer

Die äußeren und inneren Zerstörungen, die der totale Zusammenbruch der Hitler-Diktatur auch in der Kirche hinterlassen hatte, stellte allen eine solche Fülle von Aufgaben, daß man kaum wußte, wo man anfangen sollte. Einerseits gab es zahlreiche Aufbauvorhaben an vielen zerstörten Kirchen, Pfarr- und Gemeindehäusern. Andererseits stand aber auch die Frage nach einer inneren Aufarbeitung der jüngsten Vergangenheit im Raum. Während der Kirchenbau im Gleichschritt mit der allgemeinen wirtschaftlichen Erholung gut vorankam, war es sehr viel schwieriger, das unselige Erbe der weltanschaulichen und Glaubenskämpfe zu bewältigen. Was sollte mit denen geschehen, die sich als Deutsche Christen oder als NS-Parteigenossen bei der Einschüchterung, Umprägung oder Unterdrückung des Christentums hervorgetan hatten? Sollte man die staatliche „Entnazifizierung" mit Spruchkammern innerkirchlich nachmachen? Oder waren vom Evangelium her andere Maßstäbe der Buße und der Vergebung angemessener? Sollte man die Belasteten entlassen, ohne Rücksicht auf die Fürsorgepflicht der Kirche für die Betroffenen und ihre Familien? Konnte man die weniger Belasteten einfach weiter in den Gemeinden amtieren lassen?

Gottesdienst in der Ruine der kriegszerstörten Karlskirche in Kassel

Es war unendlich schwer, da eine menschlich und rechtlich befriedigende Linie zu finden. Es gab wohl Pensionierungen, Versetzungen, Gehaltskürzungen und andere Maßnahmen bei den Amtsträgern. Aber die turbulenten Nachkriegsjahre mit den äußeren Wiederaufbausorgen erstickten die nötige innere Auseinandersetzung und selbstkritische Aufarbeitung des kirchlichen Verhaltens im Dritten Reich. Erst

nach 1975 begann sich die Kirchengeschichtsschreibung mit der nötigen Distanz dieser Problematik anzunehmen.
Ein großer Problemkreis ergab sich durch die Notwendigkeit, eine neue Kirchenverfassung zu schaffen, die die Erfahrungen der Vergangenheit berücksichtigen sollte. Einerseits hatte die Abwürgung aller demokratischen Strukturen in Gesellschaft und Kirche durch das totalitäre Regime gezeigt, wie wichtig zum Kampf entschlossene und fähige Kirchenführer sind, die vom eigenen, an das Evangelium gebundenen Gewissen her Widerspruch einlegen können, wenn Synoden und Vorstände nicht mehr handlungsfähig sind. Vielen erschien darum ein hinreichend unabhängiges Bischofsamt zunächst als die angemessenste Form der Kirchenleitung. Andererseits hatte die konsequente Durchführung des „Führerprinzips" in Staat, Gesellschaft und Organisation auch die Gefahren zu starker Spitzenpositionen erkennen lassen. Die wiedergewonnene Demokratie in Westdeutschland ermutigte auch die Kirchen, die Verantwortung für ihr inneres und äußeres Leben langsam wieder auf gewählte Gremien mit zeitlich begrenzten Wahlperioden zu verlegen.
Die Verfassungsdiskussionen in den folgenden Jahrzehnten bewegten sich immer wieder um die Frage der Gewichtsverteilung zwischen den Amtsträgern auf allen Ebenen und den ihnen gegenüberstehenden, gewählten Gremien. In gewisser Weise tauchten damit in neuer Form die alten Gegensätze zwischen den lutherischen und den calvinistischen Kirchenlehren wieder auf. Jetzt war zum zweiten Mal in diesem Jahrhundert der Augenblick für die Landeskirche gekommen, sich eine freie Verfassung aus eigener Initiative zu geben. Da die rechtliche Lage nach dem Zusammenbruch aller Institutionen ungeklärt war, berief man eine Notsynode nach Treysa ein, um mit dem Leitungsgesetz vom 28.9.1945 den Übergang zu einem neuen Rechtszustand zu schaffen. Dieses Gesetz war noch stark

von den Gedanken des kurz zuvor gestorbenen Hans von Soden bestimmt und sah als Organe der Kirchenleitung vor: Bischof, Landeskirchenamt, Pröpste, Rat der Landeskirche und Landessynode. Bis heute leitet und vertritt der Bischof die Landeskirche nach außen. Die Landessynode ist oberster Träger der landeskirchlichen Gewalt und hat in allen kirchlichen Fragen die letzte Entscheidung. Sie wählt auch den Bischof.

Die Notsynode von 1945 wählte den Kasseler Pfarrer Adolf Wüstemann zum ersten Bischof von Kurhessen-Waldeck. Seit dem kurzen Zwischenspiel des Bischofs Witta auf dem Büraberg und der unrühmlichen Episode „Theyß" war dies nun der Abschluß eines langen Ringens um einen eigenen Bischof. Die reformierten Vorkämpfer hätten lieber eine mehr kollegiale Kirchenleitung gesehen, wie sie in der Verfassung von 1924 vorgesehen war. Auch die Erfahrungen der Bekennenden Kirche, die von Bruderräten und Synoden geleitet wurde, sollten nach ihrer Meinung mehr berücksichtigt werden.

Adolf Wüstemann (1901-1966)

Adolf Wüstemann, 1901 in Kassel geboren, begann als Bankangestellter, wechselte dann aber zur Theologie und studierte in Bethel, Berlin und Marburg. Er war ein beliebter Gemeindepfarrer in Kassel-Wehlheiden und gehörte von Anfang an zur Bekennenden Kirche. 1943 wurde er als „geistlicher Hilfsarbeiter" in das Landeskirchenamt berufen.

Der neue Bischof ging mit seinen wenigen Mitarbeitern an die ungeheuren Aufbauaufgaben heran, die sich der Kirche stellten. Er nahm durch häufige Gemeindebesuche seine bischöfliche Visitationspflicht wahr und mußte dabei noch manche Widerstände - nicht gegen seine Person, aber gegen sein Amt - aushalten. Nach dem traurigen Versuch, im Kirchenkampf von oben her einen staatstreuen Bischof einzusetzen, war das Mißtrauen in den Gemeinden noch nicht verschwunden.

1951 wurde Adolf Wüstemann der Ehrendoktor der theologischen Fakultät in Marburg verliehen, ein Zeichen für die neu gewachsene gute Zusammenarbeit mit der hessischen Kirche. Während der neue Bischof sich als theologischer Schüler von Adolf Schlatter und Karl Barth bezeichnete, lehrte seit 1921 in Marburg der bedeutende Neutestamentler Rudolf Bultmann, der damals mit seiner Forderung nach einer Entmythologisierung des Neuen Testamentes viel Aufsehen erregte und durch seine exegetischen Arbeiten gerade unter den hessischen Pfarrern zeitweise einen erheblichen Einfluß gewann. Insbesondere war Erich Vellmer, der Nachfolger Wüstemanns, ein starker Verfechter der Bultmannschen Theologie. Bultmann war einer der letzten deutschen Theologen, die sich noch als Haupt einer Schule in ihrem Fach ansehen konnten.

Rudolf Bultmann (1884 - 1976)

Bischof D. Wüstemann wurde unter den übermäßigen Anforderungen seines Amtes, das er sehr ernst nahm, schließlich so krank, daß er 1962 vorzeitig in den Ruhestand gehen mußte. Unvergessen in der kurhessischen Kirche ist all das, was unter seiner Leitung oder Mitwirkung in den ersten Nachkriegsjahren geschaffen wurde.

Der Krieg hatte im Gebiet der Landeskirche auch schwere äußere Schäden hinterlassen. Es wurden zerstört (bzw. schwer beschädigt) 30 (23) Kirchen, 33 (4) Pfarrhäuser, 9 (5) Gemeindehäuser sowie 11 (3) Krankenhäuser und sonstige Gebäude. Zahlreiche kirchliche Räume waren für andere Zwecke beschlagnahmt worden. Darum entfaltete sich nach Freigabe des Baumaterials in der Kirche eine Bautätigkeit, wie sie seit dem 30jährigen Krieg nicht mehr zu verzeichnen war. Dazu kam die Instandhaltung der Kirchen und Gebäude, die seit 1914 nicht mehr renoviert worden waren.

Die schnell wachsenden Gemeinden an den Stadträndern und in den Industriegebieten benötigten neue Gebäude für ihre Gemeindearbeit. Hunderttausende von Flüchtlingen und Heimatvertriebenen aus den deutschen Ostgebieten kamen nach 1945 ins Hessenland und führten zu einer starken Konfessionsmischung, die zunächst als störend empfunden wurde, bald aber neues Verständnis für die Christen der anderen Konfessionen wachrief. Die evangelischen Gemeinden stellten den katholischen Neubürgern ihre Kirchen zur Verfügung (und umgekehrt), was das Verständnis für die Ökumene stark förderte. Die wachsende Zusammenarbeit nahm feste Formen an bis hin zu gemeinsamen Kirchenbauten (in Lettgenbrunn, Neuhof, Baunatal, Marburg und Weimar). Gleichzeitig lockerten sich durch die ständige Bevölkerungsbewegung auch die innerprotestantischen Konfessionsverhältnisse, so daß sich immer mehr Gemeinden, der konfessionellen Zusammensetzung ihrer derzeitigen Mitglieder angemessen, statt reformiert oder lutherisch „evangelische Kirchengemeinde" nannten.

Zerstörte Johannes-Kirche in Hanau (1945)

Die große materielle Not dieser Jahre beschäftigte neben den Einrichtungen der Inneren Mission auch das „Evangelische Hilfswerk", das in unkonventioneller Weise Liebesgaben aus dem Ausland verteilte, Kleider- und Schuhspenden in Gang setzte, Schul- und Kinderspeisungen durchführte, ein Notkirchenprogramm und die Bibelverbreitung in Angriff nahm. Als erster deutscher Landeskirche gelang es Kurhessen-Waldeck, Innere Mission und Hilfswerk zusammenzufassen und schließlich als „Diakonisches Werk" fest mit der Landeskirche zu verbinden. Es umfaßt heute mehr als 100 Anstalten und Heime mit fast 8.000 Betten, 195 Einrichtungen der halboffenen Hilfe (wie Kindergärten, Jugendheime,

Grundsteinlegung des Ökumenischen Gemeindezentrums am Kammerberg/Ahnatal mit gemeinsamer Kirche und getrennten Gemeinderäumen (1986)

Mütterheime usw.) mit rund 9.000 Plätzen, 33 Aus- und Fortbildungsstätten mit 1.250 Plätzen sowie 180 Einrichtungen der offenen Hilfe (wie Bahnhofsmissionen, Gemeindepflegestationen, Ehe- und Familienberatungsstellen und Diakoniestellen in den Kirchenkreisen). Die Kirche ist mit mehr als 4.000 Mitarbeitern einer der größten Arbeitgeber im Lande geworden.

Mauer an der Grenze bei Kleinensee mitten im Feld

Völlig neue Probleme entstanden durch die von Jahr zu Jahr stärker trennende Zonengrenze zwischen den westlichen und östlichen Besatzungsgebieten. Von Witzenhausen bis zur Rhön lagen plötzlich viele Gemeinden an einer bald unüberwindlichen Staatsgrenze mit Stacheldrahtzäunen, Beobachtungstürmen, später Selbstschußanlagen und teilweise auch Mauern. Zu dem noch zur Landeskirche gehörenden Kirchenkreis Schmalkalden konnten nur noch mit Mühe schwache Verbindungen gehalten werden. Viele kirchliche und persönliche Kontakte auch zu anderen thüringischen Gemeinden wurden hart durchschnitten. Die Landeskirche übernahm die Patenschaft für Gemeinden der evangelischen Kirche der Kirchenprovinz Sachsen. Die Pfarrer hier betreuten die Pfarrhäuser drüben; die Gemeinden schickten ihre Briefe und Pakete an die zugeteilten Patengemeinden und konnten in aller Stille in erheblichem Umfang bei Notständen helfen und durch Besuche die Kontakte pflegen. Ein nicht abreißender Strom von Liebesgaben passierte oft auf abenteuerlichen Wegen die Grenze bis zu deren Abbau 1989. Ein wichtiges Band dieser geistlichen Gemeinschaft war das 1948 in allen deutschen Kirchen eingeführte neue Kirchengesangbuch , dem beide hessischen Kirchen einen gemeinsamen eigenen Anhang beifügten. 1946 erschien nach 14jähriger Pause wieder der „Evangelische Sonntagsbote" mit einer Auflage von 75.000 Stück.

Der immer stärker werdenden Differenzierung der Gesellschaft trug die Kirche durch Einrichtung von gesamtkirchlichen Spezialpfarrämtern Rechnung (z.B. für Männer-, Frauen-, Sozial-, Landvolk-, Schüler- und Jugendarbeit sowie für Mission, Ökumene und Öffentlichkeitsarbeit). Eine weit über die Landeskirche hinausreichende Arbeit übernahm die Evangelische Akademie in Hofgeismar. Daneben richtete die Kirche ein altsprachliches Gymnasium mit Internat (Melanchthon-Schule im Steinatal), eine berufsbegleitende Anstalt des zweiten Bildungsweges (Theodor-Litt-Kolleg in Kassel) und ein großes Studentenwohnheim in Marburg ein. Neben die Gemeindepfarrämter traten immer mehr funktionale Dienste außerhalb der Ortsgemeinden (wie Schulpfarrer, Krankenhausseelsorger, Militärpfarrer, Strafanstaltspfarrer, Missions- und Diakoniepfarrer).

Die Evangelische Akademie im Schlößchen Schönberg, 1787 für Landgraf Wilhelm IX. erbaut

Die umfassende Aufbauarbeit der Nachkriegsjahre ist nicht denkbar ohne das Engagement der Frauen in der Kirche. Sie stellen nicht nur die Mehrheit der Gottesdienstbesucher und der ehrenamtlichen Mitarbeiter in den Gemeinden. Sie arbeiten z.B. als Kantorinnen, Küsterinnen, Gemeindeschwestern und -Sekretärinnen, in Mütterschulen und Beratungsstellen in eigener Verantwortung. Bei den Kirchenvorstandswahlen stellen sie sich in ständig wachsender Zahl als Kandidatinnen zur Verfügung und nehmen in manchen Vorständen mehr als die Hälfte der Sitze ein. Sie bringen ihre Art und ihr Wissen in die Beratungen der Synoden ein und dienen den Gemeinden als Lektorinnen und Prädikantinnen. Die Zahl der Theologiestudentinnen überflügelt schon gelegentlich die Zahl der männlichen Studenten. Das hängt sicher auch damit zusammen, daß die Kirche von Kurhessen-Waldeck als eine der ersten innerhalb Deutschlands ihre Theologinnen zum vollen Pfarramtsdienst und zu kirchenleitenden Ämtern zuließ. Seitdem wächst die Zahl der Pfarrstelleninhaberinnen ständig.

1960 schloß die Landeskirche als gleichberechtigter Partner mit dem Land Hessen einen Staatsvertrag, in dem die gegenseitigen Rechte und Pflichten geregelt wurden (u.a. in bezug auf die Pfarreranstellung, den Religionsunterricht an den Schulen, die Besetzung der theologischen Lehrstühle an den Universitäten und die Denkmalspflege).

Die Kirchenpolitik der Nachkriegsjahre wurde beherrscht von den Theologen der Bekennenden Kirche, die ihre Erfahrungen aus dem Kirchenkampf in die Neugestaltung einbrachten. Nachhaltig wirkte auch der Berneuchner Kreis (zusammengefaßt in der Evangelischen Michaelsbruderschaft), dem zahlreiche leitende Geistliche angehörten. Versammelt um die Marburger Universitätskirche und den dortigen Dekan Karl Bernhard Ritter, bemühten sie sich um eine Vertiefung des religiösen Lebens (u.a. durch feste Gebetsordnungen, durch häufige Feier des Abendmahles in der Form der deutschen Messe) und um eine reichere, sinnvolle Ausgestaltung des Kultus. Viele Anstöße zur Liturgiegestaltung, zum Schmuck der Altäre und Kanzeln, zur Beteiligung von Chören am Gottesdienst haben mit dazu beigetragen, die seit Landgraf Moritz in Niederhessen vorherrschende Nüchternheit und teilweise Düsternis des Kultus aufzulockern und dem gepflegteren Stilempfinden der Gegenwart anzupassen. Dadurch und im Gefolge der vorangegangenen Kirchenkampfjahre verschwanden binnen weniger Dezennien die äußeren Unterschiede zwischen den protestantischen Konfessionen fast vollständig. Dazu trug sicher auch das in den Jahren 1967 - 1975 eingeführte neue Agendenwerk bei, das unter der Federführung von Professor Dr. Alfred Niebergall entstanden war. Es brachte für alle Gemeinden, unabhängig von ihrem Bekenntnisstand, einheitliche Formulare und paßte die sprachlichen Formulierungen in vorsichtiger Weise dem Sprachgebrauch der Zeit an.

Die erste Pröpstin der Landeskirche, Roswitha Alterhoff, bei der Einführung eines Dekans (1995)

Der Einfluß der liturgischen Arbeiten der Berneuchner bzw. der Michaelsbruderschaft waren nicht zu übersehen. Auch eine Mitwirkung von Gemeindemitgliedern im Gottesdienst wurde, stärker als bisher, vorgesehen.
Ein im allgemeinen weniger beachtetes Kennzeichen der Kirchengeschichte im 20. Jahrhundert ist - wenn man einmal von den verstärkten Aktivitäten der Sekten und Ersatzreligionen absieht - die Wiederaufnahme von Frömmigkeitstendenzen der frühen und mittelalterlichen Christenheit auch in der evangelischen Kirche. Nach den Schreckenszeiten zweier Weltkriege und unter dem Gefühl, von einer immer stärkeren Technisierung und Säkularisierung überrollt zu werden, wenden sich ernsthafte Christen in Konventen, Sozietäten und Kommunitäten wieder einer gemeinsamen Lebensgestaltung auf biblischen Fundamenten zu. In den verschiedensten Formen - teils in enger Verbindung zur Kirche, teils mehr an den Rändern derselben - pflegt man wieder ein zeitweises oder ständiges Gemeinschaftsleben, feste Gebetszeiten, geistliche Zucht und brüderliche Beichtpraxis, festliche Liturgien, stille Einkehrtage und Meditationsübungen neben einem starken diakonischen Engagement, ja sogar klösterliches Zusammenleben mit den traditionellen Gelübden von Armut, Ehelosigkeit und Unterordnung. Auch eine charismatische Bewegung mit Zungenreden, Geistesheilungen, persönlichen Fürbitte- und Segnungshandlungen in besonderen Gottesdiensten macht sich in Hessen bemerkbar. Einige müssen hier genannt werden.

Kunigundenfenster im Stiftsgebäude Kaufungen

Die schon erwähnte Michaels-Bruderschaft wurde 1931 von Karl-Bernhard Ritter in Marburg gestiftet. Theologen und Laien in ganz Deutschland sind in Konvente eingeteilt und werden von Ältesten und einem Kapitel geleitet. Schwerpunkt der Arbeit ist eine zuchtvolle geistliche Ordnung des einzelnen, Stundengebete, Wahl eines Beichthelfers, Teilnahme an Rüsttagen und Einkehrzeiten, herausgelöst auf Zeit aus den sonstigen Berufen. Sammlung, Zurüstung und Sendung (in die Kirche und in die Welt) geben die Arbeitsrichtung für den einzelnen und die Gemeinschaft an.

1936 bildete sich im Zusammenhang mit einer sozial-diakonischen Arbeit auf dem Rittergut derer von Trott zu Solz die Evangelische Kommunität Imshausen. Frauen und Männer legen nach einer Probezeit das Gelübde für ein gemeinsames Leben in Ehelosigkeit, Besitzlosigkeit und Gehorsam gegenüber der Gemeinschaft ab. Betrieben werden ein Gästehaus und ein Gutshof. Veranstaltet werden Jugendlager, Bauwochen, Einkehrtage und ein lebhafter Austausch mit anderen Orden, auch der katholischen Kirche. Alle drei Stunden trifft man sich zum Gebet nach festen liturgischen Traditionen. Ein weiter Freundeskreis unterstützt die Kommunität, die von einem ordinierten Theologen als Prior geleitet wird. Der Landesbischof visitiert regelmäßig die Gemeinschaft.

Andachtsraum auf einem Scheunenboden in Imshausen

Eine Evangelische Bruderschaft Frankenhain bildete sich 1957 um einen Pfarrer aus der Landeskirche. Als Arbeitsgemeinschaft für die Erneuerung der Familie aus christlichem Geist, zur Pflege brüderlicher Gesinnung und zur sozialen Betätigung pflegte man für Menschen aller Berufsgruppen, besonders für die festen Mitglieder, Bibelwochen, Einkehrtage und stille Rüstzeiten in einem Einkehrhaus in Frankenhain, das sich die Bruderschaft eingerichtet hatte. Leider mußte die Arbeit 1990 wieder eingestellt werden, da es Nachwuchsschwierigkeiten gab, ein Problem, das alle solche Gemeinschaften, die durch das Engagement von einzelnen entstanden, mehr oder weniger bedroht.

Eine andere Form des Gemeinschaftslebens praktiziert der

Laurentius-Konvent der, 1959 bei Bremen gegründet, sich in Form von Wohngemeinschaften verbreitet und u. a. 1975 in Wethen (Kreis Waldeck) einen Laurentiushof eingerichtet hat. Zehn Erwachsene und sieben Kinder begannen dort mit einem verbindlichen, gemeinsamen Leben und Dienen im Geist des Evangeliums. Dazu gehören gemeinsames Eigentum und gemeinsame Entscheidungen über alle Fragen. Ein starkes soziales Engagement der in verschiedenen Berufen tätigen Mitglieder richtet sich besonders auf die Randgruppen der Gesellschaft: Kindergarten- und Obdachlosenarbeit, eine genossenschaftlich betriebene Textilfabrikation, Freizeitangebote für Gruppen sind wichtige Elemente dieser ökumenischen Basisgemeinde. Der evangelische Gemeindepfarrer ist Mitglied des Konventes.

Meditationsraum im Stall (Laurentiushof Wethen)

An der von Kaiserin Kunigunde gegründeten Stiftskirche in Kaufungen bildete sich 1986 der Ökumenische Kaufunger Konvent, dem die alte Pfalzkapelle des ritterschaftlichen Stiftes zur Begegnung mit katholischen Christen zur Verfügung gestellt wurde. Ziel der Christen beider Konfessionen ist die Rückbesinnung auf gemeinsame Glaubenserfahrungen und die Feier des Kunigundentages (3.3.1033) sowohl an ihrem Sterbeort Kaufungen als an ihrem Begräbnisplatz im Dom zu Bamberg.

Charismatische Gottesdienste der oben beschriebenen Art fanden in den achtziger Jahren in Reichenbach statt. Aus der CVJM-Arbeit in Borken erwuchs eine „Communitas ex Christo", die unter Leitung eines Diakons und seiner Frau das ehemalige Freizeitenheim in Brünchenhain übernommen hat. Ähnlich arbeitet die Jesus-Gemeinschaft in Marburg, deren Zentrum das 1993 erworbene „Christ-Haus" am Ortenberg ist. Aus Studentenkreisen entstanden, werden viele Angebote für jüngere Leute gemacht und von zahlreichen Mitarbeitern durchgeführt.

Landeskirchentag in Schmalkalden 1995

XII. Gemeinde Jesu Christi auf dem Weg

Mit dem Wechsel im Bischofsamt von Adolf Wüstemann auf seinen Nachfolger ging die Nachkriegsära zu Ende. Der Wiederaufbau war weitgehend abgeschlossen. Neue Strukturen und Ordnungen, Kirchengesetze und Verfassung waren im wesentlichen beschlossen und wurden den an sie gestellten Erwartungen gerecht. Jetzt galt es, nach vorne zu blicken und den Wandlungen in der Gesellschaft Rechnung zu tragen.

Das Bischofsamt wurde 1963 Erich Vellmer übertragen, ebenfalls ein Kurhesse wie sein Vorgänger Wüstemann. Er wurde 1910 in Hoheneiche (Kreis Eschwege) geboren und war, nach dem Theologiestudium in Göttingen und Marburg, von 1937 bis 1955 Gemeindepfarrer in Solz, davon allerdings fünf Jahre als Soldat im Krieg. Er wechselte dann an die Christuskirche in Kassel-Wilhelmshöhe und wurde 1957 zum Prälaten (Bischofsstellvertreter und Personalreferent) berufen. Dadurch erwarb er sich so intensive Kenntnisse über die Landeskirche und ihre Pfarrer, daß die Synode ihn 1963 zum Bischof wählte. Die theologische Arbeit des Bultmannschülers galt der Erforschung der Heiligen Schrift und der Umsetzung der Theologie in eine Predigt, die den modernen Menschen ansprach. Dafür wurde er ebenfalls mit dem Ehrendoktor der Marburger Fakultät ausgezeichnet. Er widmete sich auch in seinen Schriften und Aufsätzen der theologischen Fortbildung der Pfarrer und unterrichtete mit großem Engagement die Pfarramtskandidaten im Predigerseminar. Im Gegensatz zu seinem Vorgänger, der mehr innerkirchlich wirkte, entwickelte

Erich Vellmer (1910-1990)

D. Vellmer ein großes Verständnis für die kirchliche Öffentlichkeitsarbeit, predigte häufig im Rundfunk und beteiligte sich in mancherlei Weise an den Informationsaufgaben der Kirche. Zu seiner Zeit wurde die Öffentlichkeitsarbeit in einem besonderen „Informationszentrum für die Kirche von Kurhessen-Waldeck" zusammengefaßt und mit hauptamtlichen Kräften besetzt.

Ein wichtiger Schritt für die Landeskirche war die 1967 verabschiedete „Grundordnung der Ev. Kirche von Kurhessen-Waldeck", die nach jahrelangen Beratungen den derzeitigen Stand der kirchlichen Gliederung festschrieb, sich aber durch eine weitere Öffnung für demokratische Formen und Einbeziehung der Gemeindemitglieder in die Verantwortung auszeichnet (z.B. Zweidrittelbeteiligung in den kirchlichen Gremien, Vorsitzübernahme in allen Ebenen usw.).

Nachdem die Landeskirche schon 1948 der Grundordnung der neu gebildeten „Evangelischen Kirche in Deutschland" (EKD) zugestimmt und damit dem ebenfalls in Treysa beschlossenen Kirchenbund aller ost- und westdeutschen Kirchen beigetreten war, schloß sie sich 1969 der „Arnoldshainer Konferenz" an. Dort arbeiteten westdeutsche Landeskirchen zusammen, die nicht den lutherischen oder reformierten Bekenntniszusammenschlüssen angehörten. Diese Kirchen beschlossen die volle Kanzel- und Abendmahlsgemeinschaft und die Anerkennung der wechselseitigen Mitgliederrechte. Schließlich gab die Landessynode 1973 ihre Zustimmung zur „Konkordie reformatorischer Kirchen in Europa" (Leuenberger Konkordie), in der eine weitgehende Lehrübereinstimmung in den seit der Reformation strittigen Bekenntnisfragen erreicht worden ist.

Innerhalb der Landeskirche wurde den Prädikanten (nach einer entsprechenden Fortbildung und Bewährung als Lektoren) durch Gesetz das Recht der freien Wortverkündigung und Sakramentsverwaltung zuerkannt. Hunderte von ehrenamtlichen Lektoren wurden ausgebildet, um durch

Mitwirkung im Gottesdienst und mit selbständigen Lesegottesdiensten wesentliche Aufgaben und Vertretungen übernehmen zu können. Ein Gesetz über die Mitarbeitervertretung regelt ab 1972 die Rechte und Pflichten der Kirche gegenüber ihren zahlreichen haupt- und nebenamtlichen Mitarbeitern in sozialen, personalen, organisatorischen und wirtschaftlichen Fragen.

Für Bischof D. Vellmer war es besonders schmerzlich, daß er 1971 einer Angliederung des Kirchenkreises Schmalkalden an die Landeskirche von Thüringen zustimmen mußte. Er hatte durch viele Besuche dort die persönliche Verbindung über die Zonengrenze hinweg aufrechterhalten. Die immer härter werdende Abgrenzungspolitik der DDR (Deutsche Demokratische Republik) machte zwei Jahre später auch den Tausch der Gemeinden Werleshausen und Neuseesen (bisher Kirchenprovinz Sachsen) mit Asbach, Weidenbach und Vatterode (bisher Kurhessen) erforderlich.

Als sich unter den jüngeren Pfarrern der Widerstand gegen die herkömmliche Amtstracht verstärkte, versuchte Bischof Vellmer, durch eine von ihm angeregte neuere Form eines praktikablen Talars manche Bedenken zu zerstreuen. Doch hat sich diese kurhessische Form auf die Dauer nicht durchgesetzt, so daß man auch um der Einheit mit den anderen Landeskirchen willen zur alten Form zurückkehrte. Immer häufiger aber werden jetzt auch farbige Stolen und weiße Talare bei besonderen Gelegenheiten getragen.

1975 konnte Bischof Vellmer mit seinen inzwischen mehr als hundert Mitarbeitern im Landeskirchenamt ein neues Dienstgebäude beziehen, wobei zugleich die landeskirchlichen Pfarrämter in das neue „Haus der Kirche“ ziehen mußten. Das alte Gebäude wurde dem inzwischen aufgebauten „Pädagogisch-Theologischen Institut“ (Aus- und Fortbildungsstelle für Religionslehrer) und der kirchlichen Öffentlichkeitsarbeit (IZ) zur Verfügung gestellt und erhielt den Namen „Martin-Bucer-Haus“. Mit viel Engagement widmete sich D. Vellmer dem Aufbau ökumenischer Beziehungen zu Kirchen in Holland, Afrika und Indien. Es erwies sich als sinnvoll, daß die kurhessische Kirche nach dem eigenen Wiederaufbau nun auch unter den jungen Kirchen in der Dritten Welt Verantwortung übernahm, eine Aufgabe, die der nächste Bischof besonders in Angriff nehmen sollte.

Haus der Kirche in Kassel: Bischofsbüro, Landeskirchenamt, Rechnungsprüfungsamt, Gehaltabrechnungsstelle, Landeskirchenkasse, Bauberatung, Amt für Kirchliche Dienste, Prüfungsamt, Synodalbüro und Kirchengerichte

Als Bischof Erich Vellmer 1978 in den Ruhestand trat, wählte die Synode den damaligen Oberlandeskirchenrat Dr. Hans-Gernot Jung zu seinem Nachfolger.

Auch Dr. Jung wurde in Hessen geboren, 1930 in Marburg. Er studierte dort sowie in Heidelberg und Iowa/USA. Er machte seinen theologischen Doktor in Marburg, wo er 1965 - nach einer Zeit als Gemeindepfarrer in Kassel - Studentenpfarrer wurde. Nach neun Jahren als Direktor der Evangelischen Akademie in Hofgeismar wechselte er in das Landeskirchenamt und widmete sich da besonders einer Neugliederung der Landespfarrämter, die in einem „Amt für kirchliche Dienste“ zusammengefaßt wurden. Als Mitglied der EKD-Synode pflegte er viele Kontakte mit den anderen deutschen Landeskirchen, so daß er später zum stellvertretenden Ratsvorsitzenden der EKD gewählt wurde.

Seine ökumenischen Kenntnisse und Kontakte führten ihn in das Präsidium der Konferenz Europäischer Kirchen (KEK) und in den Zentralausschuß des Ökumenischen (Welt-)Rates der Kirchen. Seit 1979 war er Vorsitzender des Beirates für die Militärseelsorge. Trotz all dieser Ämter fand er immer wieder Zeit, zu theologischen und kirchlichen Fragen in Büchern, Aufsätzen, in Predigten und Interviews Stellung zu nehmen. Gottesdienstübertragungen in Hörfunk und Fernsehen gaben ihm immer wieder die Möglichkeit, weit über die Grenzen seiner Kirche hinaus evangelische Verkündigung und Lehre weiterzugeben. Er besuchte persönlich viele Kirchen und Gemeinden im eigenen Land, aber auch in der weiten Welt, um die Probleme vor Ort kennenzulernen. Er wurde zu einem der erfahrensten deutschen Teilnehmer am weltweiten ökumenischen Gespräch.

Hans-Gernot Jung (1930-1991)

Verpflichtet, als Bischof auch über die Einhaltung der Lehrgrundsätze der Kirche zu wachen, versuchte er z. B., in schwierigen Auseinandersetzungen mit Vertreterinnen der feministischen Theologie verständnisvoll und sachlich fair seinen Auftrag auch gegenüber extremen Positionen durchzuhalten. Dr. Jung starb nach kurzer, schwerer Krankheit 1991 überraschend im Alter von 61 Jahren in Kassel, herausgerissen aus vielen noch anstehenden Aufgaben. Kurz vor seinem Heimgang konnte er noch die Rückgliederung des früheren kurhessischen Kirchenkreises Schmalkalden erleben, nachdem schon 1989 die deutsche Wiedervereinigung die Grenzen geöffnet und die alten Verbindungen hatte wiederaufleben lassen.

Um der Bedeutung für die Geschichte willen muß hier festgehalten werden, daß die Kirchen in der früheren DDR einen entscheidenden Beitrag für eine friedliche Revolution gegen das kommunistische Terror-Regime dort geleistet haben. Durch Friedensandachten und Asylgewährung für Widerstandsgruppen, durch ständige Warnung vor Gewalt und durch zähe Verhandlungen mit den Behörden haben sie den Kampf um die geistige und politische Freiheit unterstützt und die ersten Schritte der Neuordnung nach dem Sturz des SED-Regimes durch aktive Teilnahme an den „Runden-Tisch-Gesprächen“ gefördert. Die westdeutschen Gemeinden haben all die Jahre hindurch nicht aufgehört, für den Wegfall der tödlichen Grenze zu beten und die Gemeinden

Ein Beitrag zur Wiedervereinigung Deutschlands: Durch Gottesdienste an der innerdeutschen Grenze wurde die Öffnung des nahegelegnen Grenzüberganges erreicht. Im Hintergrund der DDR-Grenzpfahl (November 1989)

auf der anderen Seite des Eisernen Vorhanges mit Spenden, Besuchen und Einladungen hierher zu stärken. Im Landesjugendheim auf dem Frauenberg bei Hersfeld brannte bei jeder Andacht eine Gedenkkerze für die kurhessischen Gemeinden in Schmalkalden. So manche Kirche und manches Pfarrhaus in den Patengemeinden konnten mit Hilfe von Geld- oder Sachspenden wieder instandgesetzt werden.
Aus den bitteren Erfahrungen unter der Hitlerdiktatur hat die Kirche gelernt, daß sie zu entscheidenden Vorgängen in der Gesellschaft nicht schweigen darf, wenn es um den Schutz der Menschenrechte und um die Bewahrung der Schöpfung geht. Sie schuldet den einzelnen Christen, die sich im weitesten Sinne politisch engagieren, ebenso eine Wegweisung für Gewissensentscheidungen vom Evangelium her wie auch der Gesellschaft im Ganzen. Es geht dabei um die Umsetzung zentraler biblischer Aussagen zur Schöpfung, zum Frieden, zu Versöhnung und Vergebung, zu Wahrheit und Gerechtigkeit für das Zusammenleben gesellschaftlicher Gruppen bis hin zur staatlichen Gesetzgebung.
Diese öffentliche Verantwortung, auch Gesellschafts-Diakonie genannt, nahm die Kirche u.a. durch Denkschriften, Memoranden und Stellungnahmen verschiedenster Art wahr, die in enger Zusammenarbeit mit Fachleuten der betreffenden Gebiete erarbeitet und der Öffentlichkeit als Beratungs- und Entscheidungshilfe zur Verfügung gestellt wurden. In den letzten Jahrzehnten waren es z.B. Themen wie Heimat- und Asylrecht, Atomforschung oder Kriegsdienstverweigerung, Ökologie und Umweltschutz, Wirtschafts- und Arbeitsmarktpolitik, Menschenrechtsfragen und Gen-Technik. Dabei konnte es nicht ausbleiben, daß diejenigen, die andere Meinungen als die Kirchen dazu vertraten, diese gelegentlich eine ihnen nicht zustehende Einmischung in die öffentlichen Angelegenheiten (= Politik) vorwarfen.
In den letzten Jahrzehnten haben sich auch die Arbeitsfelder der „Inneren Mission" erheblich verändert. Das Kirchenge-

setz von 1975 hatte die 1889 begonnene Arbeit in ein „Diakonisches Werk in Kurhessen-Waldeck e.V." überführt und gleichzeitig festgestellt, daß Diakonie „Lebens- und Wesensäußerung der Evangelischen Kirche" ist. Seitdem hat sich die Zahl der korporativen Mitglieder (Kirchenkreise, Anstalten, Vereine, Stiftungen, Fachverbände u.a.) fast verdoppelt. Etwa 12.000 hauptberufliche Mitarbeiter und Teilzeitkräfte, dazu eine wachsende Zahl von ehrenamtlichen Helfern sind in der Diakonie tätig.

In den Gemeinden wurden die meist von Diakonissen betreuten Schwesternstationen, im Blick auf die veränderten Verhältnisse und unter den Zwängen staatlicher Gesetze, zu Diakonie-Stationen für jeweils mehrere Gemeinden zusammengefaßt (als Verein oder GmbH). Diese derzeit 57 Stationen sind mit etwa 700 Mitarbeitern (Schwester, Pfleger, Helferinnen, Zivildienstleistende, Altenpfleger, Sozialarbeiter u.a.) genötigt, sich im Wettbewerb mit anderen Anbietern marktwirtschaftlich zu organisieren. Umso wichtiger ist es, daß für die Betreuten trotzdem das diakonische, vom Evangelium her motivierte Handeln spürbar wird.

Hofgeismarer Werkstätten für Behinderte: Moderne Technik in der Metallverarbeitung

In den Diakonissen-Mutterhäusern arbeiten, neben den Diakonissen, in wachsender Zahl Diakonieschwestern, die auch in den Arbeitszweigen einspringen, in denen keine Diakonissen mehr zur Verfügung stehen. Gewachsen ist, aufgrund des gesetzlichen Anspruchs für Dreijährige auf einen Kindergartenplatz, die Zahl der Kindertagesstätten, für die im Evangelischen Fröbel-Seminar (Kassel) die benötigten Fachkräfte ausgebildet werden. Die Ausbildung der immer stärker gefragten Altenpflegekräfte wird in fünf Pflegeschulen durchgeführt.

Im Wachsen ist auch die Zahl der Werkstätten und Wohnheime für Behinderte. Diese sollen nicht nur beschäftigt werden, sondern auch, im Rahmen ihrer Möglichkeiten, marktorientiert produzieren. In den Heimen der Diakonie versucht man, je nach Art der Behinderung oder des Alters, ein möglichst familiäres, betreutes Wohnen in kleinen Gruppen durch entsprechende Umbauten und Auflockerungen zu schaffen.

Beratungsdienste und -stellen sind besonders notwendig geworden im Suchtbereich (Es gibt zwei Suchtkliniken und dreißig Freundeskreise für die Suchtkrankenhilfe). Neben der Beratung in Erziehungs-, Ehe- und Familienfragen kommt der gesetzlich vorgeschriebenen Schwangerschaftskonfliktberatung wachsende Bedeutung zu. Das Diakonische Werk hat durch die Rückgliederung des Kirchenkreis Schmalkalden ein neues, großes Arbeitsfeld gewonnen, da in DDR-Zeiten dort eine Entfaltung der Diakonie kaum geduldet wurde.

Auch das Verständnis von „Äußerer Mission" hat sich seit 1945 gewandelt. An die Stelle einer Aussendung von Missionskräften zur Heidenbekehrung auf die „Missionsfelder" ist eine Partnerschaft mit den überseeischen Kirchen auf der Basis gleicher Rechte und Pflichten getreten. Längst haben die jungen Kirchen inzwischen selber die Missionierung und Evangelisierung ihrer Länder übernommen. Die früher einseitige Bewegung von den Gebenden zu den Nehmenden wurde von einem gemeinsam erarbeiteten Missionsauftrag abgelöst.

OLKR G. Bezzenberger führt Pfarrer Ishmael Motswasele in die Pfarrstelle Kassel-Bettenhausen ein.

Die Kirche von Kurhessen-Waldeck hat, im Einvernehmen mit den ihr verbundenen Missionswerken, drei besondere Partnerschaften geschlossen: Mit der Church of South India (North Karnataka Diocese), mit der Evangelisch-lutherischen Kirche in Südafrika (Western Diocese) mit der Evangelisch-lutherischen Kirche in der Republik Namibia. Praktisch bedeutet das u.a. Konsultationen der Kirchenleitungen, gegenseitige Teilnahme an Bischofseinführungen, gemeinsame Gottesdienste und

Feste, wechselseitige Besuchsreisen, sowie Austausch von Informationen und Mitarbeitern. Seit längerer Zeit übernehmen Theologen aus den Partnerkirchen hier in Kurhessen vollverantwortlich Pfarrstellen für mehrere Jahre. Über die Verwendung der finanziellen Ressourcen wird gemeinsam entschieden.

Ausbildung in Südindien für zukunftsorientierte Frauenberufe.

Zusätzlich haben kurhessische Kirchenkreise direkte Partnerschaften mit Kirchenkreisen in Afrika, Südamerika und Indonesien. Eine spezielle kurhessische Arbeit ist die „Ausbildungshilfe für junge Christen in Asien und Afrika e.V.", die vorwiegend durch Spenden und Kollekten mit z.Zt. etwa 1 Million DM jährlich finanziert wird. Sie fördert zahlreiche Ausbildungsvorhaben in den überseeischen Kirchen.

Christian Zippert (geb. 1936)

Als Nachfolger des so plötzlich verstorbenen Bischofs Dr. Jung wählte die Landessynode den Marburger Propst und Professor Dr. Christian Zippert, der seit Juni 1992 das Bischofsamt innehat. In Berlin 1936 geboren, lernte er Kurhessen durch sein Studium in Marburg kennen, wo er 1961 wissenschaftlicher Assistent wurde und 1969 zum Dr. theol. promovierte. Nach seiner Zeit als Gemeindepfarrer in Michelbach und Marburg wurde er 1973 Direktor des Predigerseminars in Hofgeismar und 1980 Propst des Sprengels Waldeck und Marburg. Der dortigen Fakultät blieb er als Honorarprofessor verbunden und hat zahlreiche Veröffentlichungen zur Liturgie, zum Gesangbuch und zur Gebetspraxis herausgebracht.

Unter seiner Leitung erarbeitete die Liturgische Kammer ein neues Agendenwerk mit dem Ziel, neben traditionellen liturgischen Formen und Texten auch inzwischen erprobte neue Ordnungen den Gemeinden zur Verfügung zu stellen, wobei besonderer Wert auf eine zeit- und sachgemäße

Sprache gelegt wurde. Die früheren konfessionellen Besonderheiten, die lange eine einheitliche Agende verhindert hatten, spielten jetzt - nach Leuenberg - keine Rolle mehr. 1993 und 1995 wurde die neue Agende durch Beschluß der Landessynode eingeführt.
Die Visitationen der Sprengel und Kirchenkreise, die dem Bischof obliegen, führt Dr. Zippert wie seine Vorgänger nicht mit dem Schwerpunkt der Beaufsichtigung kirchlicher Arbeit durch, sondern mit dem Bemühen, die vielfältigen kirchlichen Aktivitäten vor Ort kennenzulernen und ein intensives Gespräch mit den Verantwortlichen in der Region für Politik, Wirtschaft, Arbeitswelt und Schule zu führen.
Das 1994 eingeführte neue Evangelische Gesangbuch (EG) löste das in allen deutschsprachigen evangelischen Kirchen seit 1948 benutzte Evangelischen Kirchengesangbuch ab. Es gibt den Gemeinden u.a. auch die neuen Gottesdienstordnungen an die Hand, verbunden mit vielen Anregungen für eine aktivere Beteiligung von Gemeindegliedern an der Liturgiegestaltung (mehrstimmige Liedsätze, Kanons, Psalmen, Wechselgebete u.a.). Das neue Gesangbuch wurde von den Gemeinden in unerwartet schneller Weise angenommen und eingeführt.

Es ist nicht leicht, am Ende des 20. Jahrhunderts eine abschließende Beurteilung der hessischen Kirchengeschichte vorzunehmen. Deutlich wird ein langsames Zurücktreten der Amtskirche und eine stärkere Einbindung der Amtsträger auf allen Ebenen in synodale Strukturen. Der Weg führt weg vom „Ein-Mann-System" hin zu einer Aufgliederung der Verantwortung in fast allen Bereichen kirchlichen Lebens. Das früher von Theologen und Juristen geprägte konsistoriale System wandelt sich zu breiter gefächerten Formen der Kirchenleitung, wobei die Veränderungen in der Gesellschaft nicht unberücksichtigt bleiben können. Der Bischof bekommt mehr und mehr Koordinationsfunktionen

innerhalb der Kirche und ist zugleich Gesprächspartner für die Öffentlichkeit in vielen Fragen, die von dort an die Kirche gestellt werden.
Der Wandel der gesellschaftlichen Anschauungen zeigt sich u.a. in der völligen Gleichberechtigung der Frauen, die auch in der Kirche alle Ämter und Funktionen wahrnehmen können (Propst-, Dekans- und Pfarramt, Vorsitz in der Landessynode, Kreissynoden und Kirchenvorständen, Referate im Landeskirchenamt und den Kirchlichen Diensten u.a.).
Mehr und mehr werden Ämter und Funktionen auch von Gemeindegliedern wahrgenommen, die aus den verschiedensten Berufen kommen und ihre speziellen Erfahrungen engagiert und zum Segen der Kirche einbringen können. Die so erreichte Teilung der Verantwortung hat aber auch zur Folge, daß auf allen Ebenen und für alle Ämter Ordnungen, Gesetze und Vorschriften beschlossen werden müssen, um geordnete Verfahren in Konfliktsfällen sicherzustellen und Reibungen möglichst auszuschließen. Dazu bedarf es eines mühsamen Lernprozesses auf allen Seiten.

Der Vorstand der Landessynode (v. l. Dekan Rudolf Jockel, Kirchenrätin Brunhilde Fabricius, Präses Uta Heinemann) mit Landesbischof Prof. Dr. Christian Zippert

Zur Landeskirche von Kurhessen-Waldeck gehören im Jahr 1995 etwa 1.100 .000 Mitglieder, darunter
1.300 hauptamtliche Mitarbeiter,
ca. 2.100 teilbeschäftigte Mitarbeiter
935 Theologinnen und Theologen (davon 222 Frauen)
davon 677in Gemeindepfarrstellen.
Sie gliedert sich in 950 selbständige Kirchengemeinden
28 Kirchenkreise (1 Dekanin, 27 Dekane)
4 Sprengel (2 Pröpstinnen, 2 Pröpste)
die Landessynode mit 89 Mitgliedern
(derzeit geleitet von Frau Präses Ute Heinemann)

Das Ende des 20. Jahrhunderts zeigt als Ergebnis einer 1300-jährigen Geschichte der Kirche im Hessenland, daß sich die Christen bei gleichzeitiger Wahrung gewachsener Strukturen in vielfältiger Weise auf neue Wege und Arbeitsformen eingestellt haben, um unter den Herausforderungen einer sich immer schneller wandelnden Gesellschaft ihrem Auftrag gehorsam zu sein: Es gilt, die Frohe Botschaft vom Heil in Jesus Christus unverfälscht und unverkürzt in das 3. Jahrtausend hinüberzutragen, so wie es in der Homberger Reformations-Ordnung von 1526 für alle Zeiten gültig formuliert wurde:

„Nur das ist richtig, was mit Gottes Wort übereinstimmt; nur es allein ist stets der sicherste Maßstab dafür, ob etwas recht ist. Daher muß die Kirche Gottes allein nach seinem Worte regiert werden, damit sie rechte Kirche ist." (Lambert von Avignon)

Ein neuer Weg in das Pfarramt: Stellenteilung eines Theologen-Ehepaares

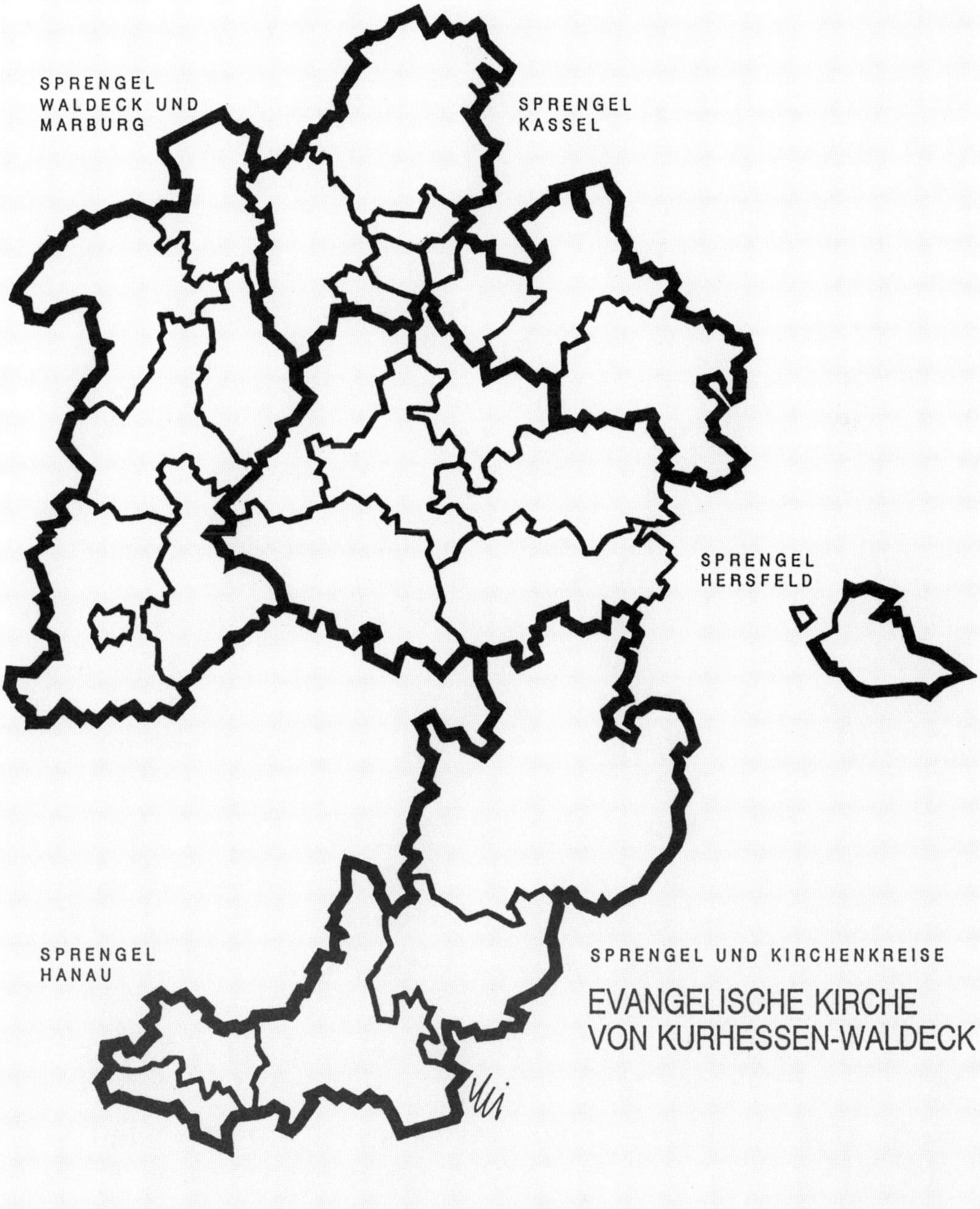
SPRENGEL WALDECK UND MARBURG
SPRENGEL KASSEL
SPRENGEL HERSFELD
SPRENGEL HANAU
SPRENGEL UND KIRCHENKREISE
EVANGELISCHE KIRCHE VON KURHESSEN-WALDECK

Verzeichnis der Personen und Orte

Literaturhinweise

K. Demandt: Geschichte des Landes Hessen, Kassel 1958

W. Dersch: Hessisches Klosterbuch, Marburg 1940

W. Dettmar: Auf dem Weg zu der einen Kirche (Kirchenkunde für die EKKW)

G. W. Sante: Handbuch der historischen Stätten Bd. Hessen, Stuttgart 1960

H. Slenczka: Die Evangelische Kirche von Kurhessen-Waldeck in den Jahren 1933-45, Göttingen 1977

Schriftenreihe

monographia Hassiae im Verlag Evangelischer Medienverband Kassel

Bd. 1. M. Hederich: Um die Freiheit der Kirche

2. W. Schäfer: Adam Krafft

5. J. Desel/W. Mogk: Hugenotten und Waldenser in Hessen-Kassel

8. dieselben: Hugenotten (Bilder und Schriften)

7. Marburg im Kontext (Gedenkbuch an das Marburger Religionsgespräch)

10. D. Waßmann: Waldeck - Geschichte einer Landeskirche

18. derselbe: Die Evangelische Landeskirche von Waldeck-Pyrmont in der Zeit der Weimarer Republick